Alexandra Frank

Vier um die Welt

Vom Abenteuer, mit Kindern rund um den Globus zu reisen

GOLDMANN

Hinweis:
Jede Familie reist anders, zumal um die Welt.
Die Ratschläge in diesem Buch wurden von der Autorin mit ihrer
Familie sorgfältig erwogen und geprüft. Alle Angaben erfolgen jedoch
ohne Gewähr oder Garantie seitens der Autorin oder des Verlags.

 Dieses Buch ist auch als E-Book erhältlich.

MIX
Papier aus verantwor-
tungsvollen Quellen
FSC® C083411
www.fsc.org

Verlagsgruppe Random House FSC® N001967
Das FSC®-zertifizierte Papier *Lux Cream* für dieses Buch
liefert Stora Enso, Finnland.

1. Auflage
Originalausgabe März 2015
Wilhelm Goldmann Verlag, München,
in der Verlagsgruppe Random House GmbH
Copyright © 2015 der Originalausgabe
by Wilhelm Goldmann Verlag, München,
in der Verlagsgruppe Random House GmbH
in Kooperation mit SPIEGEL ONLINE GmbH 2015, Hamburg
Umschlaggestaltung: UNO Werbeagentur, München
Umschlagfotos: Alexandra Frank
Layout: Theresa Koch
KF · Herstellung: Str.
Druck und Einband: CPI – Clausen & Bosse, Leck
Printed in Germany
ISBN: 978-3-442-15836-2
www.goldmann-verlag.de

Besuchen Sie den Goldmann Verlag im Netz

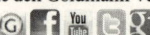

Für meinen Mann,
meinen liebsten Reise- und Alltagsgefährten.

Für meine Kinder,
die mir die Augen – und das Herz –
für neue Dinge geöffnet haben.

Für meine Eltern,
die mir die Reiselust und so vieles andere
mit auf den Lebensweg gegeben haben.

Inhaltsverzeichnis

Sind Flip-Flops Schuhe?

Oder: Was muss man vor der Reise bedenken?

»Ihr wollt was?«, fragte B., ein kinderloser Freund. »Eine Weltreise machen?«

»Mmh.«

»Und die Kinder?«

»Die lassen wir hier.«

»Waaas?«

»War ein Scherz«, sagte ich. »Die kommen natürlich mit.«

»Ist das nicht viel zu gefährlich?«

»Stell dir vor, in den Ländern, die wir bereisen, gibt es auch Kinder«, erwiderte ich nur und wechselte das Thema.

Wer mit Kleinkindern verreist und nicht gerade, sagen wir mal, an die Ostsee, in den Harz oder die Eifel fährt, der bekommt eines ganz gewiss: Ratschläge und Kommentare.

Gut, wir wollten etwas länger wegfahren, und unsere geplanten Reiseziele lagen nicht gerade um die Ecke: Zwei Monate wollten wir Argentinien und Chile bereisen, mit einem kleinen Abstecher nach Uruguay. Außerdem standen sieben Wochen Neuseeland, weitere anderthalb Monate Australien und schließlich, um den langen Rückflug zu unterbrechen, noch eine knappe Woche Singapur auf dem Programm. Einen Winter lang. Rund um den Globus – mit einem sechs Monate alten Baby und einem vierjährigen Kind.

Eine Weltreise ist ein Traum, den viele Menschen hegen. Die meisten davon erfüllen ihn sich nie. Bei einigen scheitert es am Geld. Bei vielen an der Zeit. Und bei nicht wenigen schlichtweg am Mut, wirklich eines Tages die Sachen zu packen und einfach loszufahren.

Als ich ungefähr so alt war wie meine Tochter heute, brachte mir meine Tante eine Marionette mit. Auf dem hölzernen Kopf waren schmale, schwarz umrandete Augen und ein kirschroter Kussmund gemalt. Die Puppe trug ein weites, mit Pailletten besticktes Kleid und hatte lange, dünne Beine, die mit Silberfäden umwickelt waren. Wenn man sie an ihren durchsichtigen Fäden durch die Luft laufen ließ, machte sie eigenartige Bewegungen. Sie erinnerte mich an die Feenwesen aus meinen Kinderbüchern. »Diese Marionette«, erzählte mir meine Tante, »stammt aus Indonesien.« Sie begann, mir von Indonesien zu erzählen: von prachtvollen Tempeln, duftendem Essen, dem bunten Treiben auf den Straßen.

Ein Jahr später brachte sie mir von einer Reise ein rotes Portemonnaie mit, das mit Perlen bestickt war. Ein Mitbringsel aus Kenia. Es folgten ein T-Shirt aus Australien, ein Täschchen aus Hongkong, eine Kette aus Alaska. Dazu gab es Erzählungen, denen ich als Kind gebannt gelauscht habe. Meine Tante war ihrer Zeit weit voraus. Seit den Sechzigerjahren ist sie als alleinreisende Frau immer wieder aufgebrochen, um Länder rund um den Erdball zu besuchen. Nicht am Stück, aber jedes Jahr erneut. Sie war nicht besonders reich und nicht besonders mutig. Sie hat Ferientage und Lohn gespart, um sich ihren Traum zu erfüllen. Und schwärmt noch heute davon.

Mag sein, dass mich das geprägt hat. Vielleicht auch die eigenen Reisen mit meinen Eltern – quer durch Europa, abseits von Ferienanlagen und Familienhotels. Ich entsinne mich an Versteckspiele mit einheimischen Kindern in der Toskana, mit denen ich mich blendend verstanden habe, ohne ein Wort Italienisch zu sprechen. An die Familie in der Türkei, die uns mit in die Berghütte des Opas nahm, wo wir auf Teppichen saßen und süßen Tee schlürften. An süße Törtchen in Griechenland und Eselritte in Ungarn. Auf jeden Fall weiß ich noch heute, dass Reisen für Kinder etwas Wunderbares sein kann. Doch das sieht nicht jeder so:

»Wenn ihr meint, das verantworten zu können«, hieß es aus der Verwandtschaft.

»Und die langen Flüge?«, aus dem Bekanntenkreis.

»Dafür ist die Elternzeit ja nicht gerade gedacht«, murrte der Kollege.

Doch, erwiderten mein Mann und ich, genau dafür. Um als Familie gemeinsam Zeit zu verbringen. Um dem Alltagsstress zu entfliehen und ganz füreinander da zu sein. Um gemeinsam zu erleben, wie unser Baby seine ersten Schritte macht und unsere vierjährige Tochter die Welt entdeckt, bevor sie in die Schule kommt. Zu Hause würde immer einer von uns arbeiten.

Natürlich sind wir nur in Länder gefahren, die wir für gesundheitlich unbedenklich hielten. In einem Tempo, das den Kindern angepasst war. Und mit Verkehrsmitteln, die die eigenen Nerven schonten. Eine Tour nach Süddeutschland mit dem Auto wäre mit unserem Kind, das sich im Wagen alle zehn Minuten wegen Reiseübelkeit übergibt, anstrengender als ein Nachtflug, bei dem es friedlich schläft. Dennoch – das hatten wir uns schon vor der Reise vorgenommen: Kein Flug, der länger als eine Nacht dauert. Kein Ort, an dem gefährliche Krankheiten lauern. Keine Tour, die wir nicht abbrechen oder unterbrechen können, wenn es zu viel wird. Und daran haben wir uns auch gehalten.

Und das Elterngeld?

Klar, erklärte ich dem Kollegen, sicherlich macht das die Sache leichter. Wie alle Familien konnten auch mein Mann und ich es 14 Monate in Anspruch nehmen, um uns ganz dem Baby zu widmen. Je nach Verdienst bekommt man vom Staat zwischen 300 und 1800 Euro im Monat. Dieses Geld ist dafür da, um die laufenden Kosten zu decken, während man nicht arbeitet, sondern sich um den Nachwuchs kümmert. Für die Miete und für Nahrungsmittel, für Kleidung und Spielzeug und all das, was man im Leben so braucht. Wofür man das Geld ausgibt und wo man sich um das Baby kümmert, ist jedem selber überlassen.

Letztlich ist es doch egal, ob man damit einen Coffee to go in Bayreuth oder einen Matetee in Buenos Aires bezahlt. Es in Windeln aus einem deutschen Drogeriemarkt oder aus einer australischen Shoppingmall investiert. Eine Hütte im Hunsrück oder eine Hazienda in Honduras mietet. Die Elternzeit schenkt Eltern Zeit. Zeit mit ihrem Nachwuchs. Und, ja, Zeit, um sich einen Traum zu verwirklichen. In unserem Fall: Eine Weltreise mit unseren Kindern.

Schon während der Schwangerschaft überlegten wir begeistert, wohin wir denn fahren könnten. Zuerst war die Liste lang. Seit dem Studium träumten mein Mann und ich von einer Weltreise. Doch nach und nach sortierten wir aus: Zu hoch gelegen (Bolivien), Malariagefahr (halb Asien und Afrika), zu teuer (Japan), zu viele Zwischenlandungen (exotische Inseln im Pazifik), zu kalt um die Jahreszeit (Kanada), zu gefährlich (ganz viele Länder).

»Wenn mal was ist mit den Kindern«, sagte mein Mann, »wäre es gut, wenn wir uns problemlos verständigen können.« Russland flog von der Liste.

Wir wägten Herzenswünsche gegen praktische Überlegungen ab. Mich zog es in die Metropolen, meinen Mann in Naturschutzgebiete. Die Große forderte Kängurus, das Baby nur die mütterliche Brust, die – wie ich einwarf – in warmen Gebieten besser zugänglich wäre. Am Ende stand eine Reiseroute, die im besten Fall allen etwas bot – und die möglichst stressfrei zu bereisen war.

Kaum standen die Ziele fest, legte ich neue Listen an – bis mein

Schreibtisch über und über mit gelben Zetteln beklebt war. Mit großer Befriedigung strich ich Dinge durch.

Punkt 1: Mit der Kinderärztin sprechen

Die Kinderärztin horchte das Baby ab, ich räusperte mich verlegen. Vorsichtig erläuterte ich ihr unsere Pläne und hielt ihr die Impfpässe der Kinder hin. Sie ist ein burschikoser Typ. Keine Frau, die ein Blatt vor den Mund nimmt. Ich erwartete zumindest einen strengen Blick oder einen Kommentar wie von einigen Verwandten, Bekannten und Kollegen. Aber sie nickte mir nur zu.

»Super Idee, so eine Reise«, sagte sie. »Sie sollten mit dem Baby Afrika und die Tropen meiden, den Rest der Welt finde ich okay.« Auf einem Zettel notierte sie mir ein paar Mittel, die in die Reiseapotheke gehören. Die Liste war erstaunlich kurz: Fiebersaft, Schmerzzäpfchen, ein Mittel gegen Durchfall. Dazu Verbandszeug, Desinfektionsspray und Pflaster. All das, was ich auch zu einem Wochenendtrip an die Ostsee mitnehmen würde. »Und wenn ein Kind wirklich einmal einen Infekt bekommt«, beruhigte sie mich, »haben die vor Ort oftmals viel wirksamere Medikamente.« Zum Schluss strich sie dem Baby über den Kopf und verriet mir, dass sie selber auch vor einigen Jahren mit Mann und Kleinkindern eine große Reise unternommen hatte: ein Jahr Neuseeland und Australien. Sie zeigte mir ein Foto auf ihrem Schreibtisch. Darauf liefen zwei kleine Mädchen lachend am Strand entlang. Sie sahen sehr glücklich aus.

Abends strich ich Punkt 1 auf der Liste durch und beschloss, allen Bedenkenträgern von dem Kinderarztbesuch zu erzählen.

Punkt 2: Flüge buchen

Die junge Frau im Reisebüro trug lila Haare und einen Nasenring. Ein wenig erstaunt blickte sie von meinem Mann und mir auf den Kinderwagen und wieder zurück. Es war ein Spezialreisebüro. Eines, das vorwiegend Around-the-World-Flugtickets verkaufte. Mehrheitlich an junge Leute, die gerade die Schule hinter sich gebracht hatten oder ihr Studium für eine Weile unterbrechen wollten. Familien gehörten anscheinend nicht zum Stammpublikum.

Wir glichen unsere Wunschroute mit den Ticketangeboten ab. Around-the-World-Tickets sind erheblich preiswerter als einzelne Flüge. Allein ein Hin- und Rückflug nach Argentinien kann je nach Saison gut und gerne 1300 Euro kosten. Wenn man Student ist und eine vorgegebene Route wählt, führt einen das Around-the-World-Ticket ab rund 1400 Euro einmal um den Erdball – ausgedehnte Zwischenstopps auf vier Kontinenten inklusive. Wir waren aber keine Studenten mehr, außerdem bestanden wir auf unserer Wunschroute. Preiswerter als Einzelflüge war das Ticket trotzdem. 2300 Euro zahlten wir für jeden Erwachsenen. Das Kind erhielt einen Rabatt, für das Baby mussten wir nur Steuern und Gebühren bezahlen. Gleichzeitig bestellten wir ein Bassinet vor, ein eigenes Bettchen im Flugzeug, das an die Trennwand zwischen Business und Economy Class gehängt wird. Darin kann das Baby nächtigen – wie ein Businessreisender.

Mit dem Familienticket in der Hand verließen wir das Reisebüro. Wir würden im Oktober losfliegen und erst im Frühjahr zurückkehren.

Zu Hause köpfte mein Mann eine Flasche Sekt, und ich zückte den Stift. Punkt 2 meiner Liste: erledigt.

Punkt 3: Unterkünfte vorbestellen

Halberledigt.

Reisen ist Geschmackssache. Ich habe Freundinnen, die sich stets in luxuriöse All-inclusive-Hotels einquartieren und dort sehr entspannt ihren Urlaub verbringen. Für mich persönlich jedoch ein Graus – und auf einer halbjährigen Reise nicht finanzierbar.

Als mein Mann und ich noch Studenten waren, haben wir in den Semesterferien einen Last-minute-Flug gebucht, unsere Rucksäcke geschnappt und sind losgeflogen. Vor Ort haben wir uns dann treiben lassen und spontan geschaut, wo wir abends unterkommen konnten. Hat immer geklappt.

Ein einziges Mal haben wir uns spontan für eine Pauschalreise in die Türkei mit Halbpension entschieden. Mein Mann sollte zwei Wochen später einen neuen Job beginnen, vorher wollten wir noch einmal für zehn Tage ins Warme. Das Angebot war günstig. Am ersten Tag war noch alles in Ordnung. Am zweiten Tag fühlten wir uns bedrängt, zum Abendessen ins Hotel zurückkehren zu müssen, weil man's halt bezahlt hatte. Am dritten Tag nervte es uns, für einen Ausflug so weit fahren zu müssen, weil wir an unsere Unterkunft gebunden waren. Am vierten Tag beschlossen wir: Das ist nicht unsere Art von Urlaub. Für einen Städtetrip mag das gehen, aber nicht, wenn man einem touristischen Dorf entkommen möchte, um etwas von Land und Leuten zu sehen.

Nach der Geburt unserer ersten Tochter gingen wir im Urlaub – genau wie in allen Bereichen des Lebens – Kompromisse ein. Die ersten Ferien verbrachten wir in Deutschland. Den zweiten Urlaub auf Zypern. Dann wagten wir uns bis nach Thailand vor. Vor der Reise plagte mich das Gewissen: Was ist, wenn das Kind in der Ferne krank wird? Was, wenn wir keine Unterkunft finden und das nörgelnde Kind nachts durch die Straßen schleppen müssen? Was, wenn es – blond und niedlich – entführt wird?

Ich kann mich leider sehr gut in Schreckensszenarien hineinsteigern, besonders nachts. Aber: Das betrifft nicht nur das Reisen. Wie jede Mutter fürchte ich Unfälle, Krankheiten, Pädophile. All das kann mein Kind theoretisch treffen – im Urlaub, aber auch zu Hause.

Dennoch: Ganz so sorglos wie als Studenten lassen wir uns heute im Urlaub nicht mehr treiben. Kinder brauchen einen gewissen Rhythmus, feste Schlafzeiten, regelmäßiges Essen. Deshalb beschlossen wir, es wie auf unseren bisherigen Reisen mit Kind zu machen: Wir buchen normalerweise vor der Reise Hotels oder Wohnungen für die jeweiligen Ankunftsorte. Vor Ort sehen wir, wie es weitergeht und reservieren ein paar Tage im Voraus die Unterkunft für die nächste Station. Wenn es uns gefällt oder wir eine Pause brauchen, verlängern wir. Wenn nicht, ziehen wir weiter. Das ist das Stück Freiheit, das wir uns bewahren wollen.

Nach und nach arbeiteten wir alle Punkte unserer To-do-Liste ab. Manche waren lästig (Versicherungen abschließen), manche schnell erledigt (Pflanzen den Nachbarn aufs Auge drücken), andere brauchten Zeit (die Wohnung frei räumen und für ein halbes Jahr vermieten). Eine Woche, bevor es losging, stand nur noch ein unscheinbares, aber besonders tückisches Wort auf der To-do-Liste, ganz und gar nicht erledigt.

Letzter Punkt: Packen

Mein Mann, ein ansonsten liebenswerter, toleranter Mensch, entpuppte sich als Hardliner. Zumindest in Extremsituationen. Die Reise selber, die Flüge, die Entfernungen, mögliche Krankheiten,

Zeitumstellung – all das stresste uns nicht. Wir fühlten uns infor-
miert und gut vorbereitet. Nur nicht auf das hier: Das Packen – eine
Extremsituation.

»Zwei große Gepäckstücke«, sagte mein Mann.

Gut.

»Nur das Nötigste.«

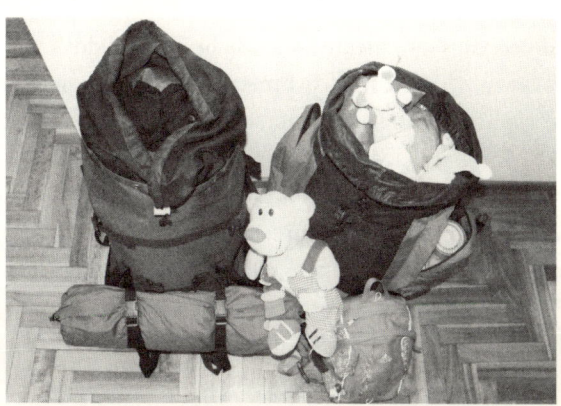

Ich nickte.

»Ein Rucksack mit unseren Sachen, der zweite für die Kindersachen.«

Auch gut.

»Nur zwei Paar Schuhe pro Nase.«

Ich musste schlucken, aber er hat ja recht: »Gut«, erwiderte ich.
»Die Wanderschuhe, die sind auch bei Regenwetter ganz praktisch,
außerdem Sandalen und Flip-Flops.«

»Nein«, antwortete mein Mann. »Zwei Paar Schuhe.«

»Ja, ja«, bestätigte ich. »Wanderschuhe und Sandalen. Und dann
brauchen wir auf jeden Fall Flip-Flops, so für den Strand, als Haus-
schuhe oder wenn mal eine Dusche dreckig ist.«

»Das sind drei Paar«, sagte mein Mann, der Hardliner.

»Nein«, belehrte ich ihn. »Flip-Flops sind keine Schuhe. Flip-Flops sind Gebrauchsgegenstände, Utensilien.«

Mein Mann schaute mich versöhnlich an. »Na gut, dann teilen wir uns ein Paar. Aber dafür gibt es für jeden nur zwei lange Hosen, eine davon hast du an.«

Bevor ich Protest einlegen konnte, kam Hilfe aus dem Kinderlager.

»Und Leggings und meine Badelatschen und Teddy«, grölte das Kind. «Was zum Malen, mein Schmetterlingskleid, mein Einhorn.«

Mein Mann, der Ingenieur, versuchte es sachlich: »Wir reden hier über Minimalkonzepte.«

Ich bin weiblich und Rheinländerin. Sachlichkeit ist nicht so mein Ding. »Für jeden Flip-Flops«, sagte ich.

»Mein ganzes Kinderzimmer«, sagte unsere Tochter (sie kommt nach mir).

Meinem Mann galoppierten die Nerven davon. »Auf gar keinen Fall! Ich muss schließlich am Ende wieder den ganzen Kram schleppen.«

Das Baby pupste.

»Windeln, viele Windeln«, sagten mein Mann und ich einstimmig. Wenigstens in dem Punkt herrschte Einigkeit.

Irgendwann war es so weit. Die Taschen waren gepackt – mit dem Nötigsten.

Für das Baby hatten wir ein spezielles Reisebettchen ohne Stangen gekauft, das sich wie ein Klappzelt zusammenfalten ließ und in ein flaches, rundes Täschchen von 30 Zentimetern Durchmesser passt. Für die Große hatten wir Luftballons und Seifenblasen dabei, Schere, Stifte und Kleber. Klopapierrollen und Eierkartons zum Basteln würde es überall geben. Auf dem E-Book-Reader hatten wir Kinderbücher geladen – und Lektüre für uns.

Die Große trug einen Kinderrucksack mit ihrem Lieblingskuscheltier und Malsachen. Mein Mann und ich schulterten jeweils einen großen Rucksack: Einer war gefüllt mit Kindersachen, der andere mit unseren Anziehsachen. Für das Baby nahmen wir einen Buggy mit Kleinkindaufsatz mit – und die Babytrage. Eine gute Kombi: Denn wenn die Kleine in der Trage sitzt, kann man mit dem Kinderwagen auch die Gepäckstücke transportieren – oder das große Kind kann dort eine Rast einlegen.

Kurz bevor wir zum Flughafen aufbrachen, schmuggelte ich zu den zwei Paar Schuhen doch noch Flip-Flops in den Erwachsenenrucksack. »Das sind Accessoires, keine Schuhe«, redete ich mir schön.

Und dann ging es los.

Aller Anfang ist leicht – Stadturlaub in Buenos Aires

Oder: Was verändert sich, wenn man nicht mehr zu zweit, sondern mit Kindern verreist?

»Städtetrips sind nichts für Kinder«, glaubt Kollege M., der jeden Tag morgens und abends eine Stunde Autofahrt in Kauf nimmt, um von seinem Häuschen in einer Vorstadtsiedlung nach Hamburg zur Arbeit zu gelangen.

»Wir wohnen in Hamburg«, entgegne ich. »Mitten in Hamburg. Warum soll das, was den Alltag unserer Kinder prägt, das Leben in der Stadt, im Urlaub nicht funktionieren?«

Buenos Aires, der Startpunkt unserer Reise, ist die wohl europäischste Stadt unter den lateinamerikanischen Metropolen. In den Straßencafés werden Zeitungen aus Spanien gelesen und Cappuccini getrunken. Es gibt Boutiquen und Bars, die in Berlin Mitte liegen könnten. Man sieht französische Eleganz und speist italienische Pasta. Manche Viertel erinnern an Madrid, Lissabon oder Paris. Und doch spürt man allgegenwärtig den ganz eigenen argentinischen Esprit, der schwer zu beschreiben ist, ohne in Klischees von Tangotänzern, Fußballfans und Matetee-Trinkern zu verfallen. Die südamerikanische Lebendigkeit, die ich meiner Familie gerne zeigen möchte.

Als ich Buenos Aires das letzte Mal besucht habe, war ich einige Jahre jünger, unverheiratet und kinderlos. Ich war tagsüber shoppen und abends Cocktails trinken. Ich bin über Flohmärkte gebummelt, durch Museen geschlendert und habe Tangoshows besucht. Ich fand die Stadt einfach wunderbar. Jetzt ist mein Eindruck von der Stadt ein etwas anderer. Auch meine Aktivitäten haben sich verändert. Und mein – sagen wir mal – Lebensstatus.

Wir wollen ihn ruhig angehen lassen, den Beginn unserer Weltreise. Die zugegebenermaßen unglamouröser anfängt als erwartet. Wochenlang habe ich mich von allen beneiden lassen: Endlich kein Hamburger Nieselwetter mehr! Milde Frühlingsluft! Warme Sommerabende! »Habt ihr es gut«-Tage halt.

Und dann das: Das Flugzeug setzt auf der Landebahn auf. Alle Passagiere klatschen.

Das Kind sagt: »Och nööö!«

Mein Mann sagt: »Och nööö!«

Ich blicke aus dem Fenster und sehe – Nieselwetter.

Dennoch schwebe ich auch nach der Landung wie auf Wolken. Im Taxi, das uns zu unserer Unterkunft bringen soll, mache ich mit dem Handy ein Selfie und betrachte es. Auf dem Foto grinse ich wie ein Honigkuchenpferd. Strahlend blicke ich meine Familie an: Das Kind kuschelt sich an den Arm meines Mannes und schläft. Das Baby hat sich seinen Schnuller geschnappt und schlummert. Meinem Mann ist der Kopf auf die Brust gefallen. Auch er ist eingenickt.

Das Taxi bringt uns nach Coghlan, ein Stadtteil im Norden von Buenos Aires. Ein ruhiges Wohnviertel, habe ich im Internet gelesen, keine nennenswerten Sehenswürdigkeiten, kein Ort, den ich bei meinem vorigen Besuch in Argentinien besucht habe. Hergeführt hat uns eine Website für private Wohnungen, die man für den Urlaub mieten kann. Eine Wohnung mit zwei Schlafzimmern hat uns sofort angesprochen. Die Fotos auf der Website zeigten schlichte, aber neu aussehende, helle Möbel, eine gemütliche Sofaecke, geschmackvolle Schwarz-Weiß-Fotos an den Wänden. Der Preis war unschlagbar: 26 Euro pro Nacht. Gleich um die Ecke, hatten die Besitzer uns per E-Mail mitgeteilt, fahre mehrmals stündlich ein Zug, der seine Passagiere binnen 20 Minuten in die Innenstadt bringe.

Das Taxi biegt in eine Pflastersteinstraße ab. Gesäumt ist sie von Häusern aus der Jahrhundertwende, von denen der Putz bröckelt. Wir passieren einen Gemüsehändler, eine Eisdiele, die Zughaltestelle, die neben einem Spielplatz gelegen ist. Dann hält der Wagen vor einem Appartementhaus, vier Stockwerke hoch. Unser Zuhause für die nächsten zwei Wochen.

Der Rest des Tages, der Beginn unserer Weltreise, dieser lang ersehnte Moment, entpuppt sich als ganz gewöhnlicher Tag, beinahe wie in Hamburg: Wir haben beschlossen, auf der Reise so weit wie möglich selber zu kochen, um Kosten zu sparen. Also heißt es nach dem Bezug der Wohnung erst einmal einkaufen gehen – mit allen Konsequenzen. Das Baby brüllt, weil es getragen werden will, aber stattdessen im Buggy unter der Regenhaube sitzen muss. Das Kind nörgelt, weil es gerne in die Pfützen springen möchte, aber keine Gummistiefel mithat (wir durften ja nur zwei Paar Schuhe pro Nase mitnehmen). Ich meckere, weil ich mir die Ankunft einzigartig, mit viel Sonnenschein und blendender Laune, vorgestellt hatte – und nun bei Wetterverhältnissen durch die Gegend trotte, die der Hamburger als Schietwetter bezeichnen würde. Mein Mann hat schlechte Laune, weil er sich durch einen Riesensupermarkt schieben muss, der seine Besucher durch Lautsprecher in jeder Ecke nonstop mit Werbeangeboten und Jingles beschallt.

»Na ja«, sage ich am nächsten Morgen versöhnlich zu meiner Familie und vor allem zu mir selbst, »eigentlich ist heute ja der erste richtige Tag unserer Weltreise.« Die Kinder spielen fröhlich mit einer Kiste Spielsachen, die sie in der Wohnung gefunden haben. Draußen vor dem Fenster präsentiert sich ein strahlend blauer Himmel. Früher wären wir gleich losgelaufen, den Reiseführer in der Hand. Hätten die wichtigsten Sehenswürdigkeiten besucht, einen Kaffee in der Sonne getrunken und wären abends lange ausgegangen.

»Lass uns einfach durch die Nachbarschaft schlendern«, schlägt mein Mann stattdessen vor. Ich nicke begeistert. Also laufen wir los, an der Hand unsere große Tochter, im Kinderwagen die Kleine. Ich bemerke Dinge, die mir bei meinem letzten Besuch in Buenos Aires nicht aufgefallen sind: Mega-Bürgersteige, die kein Buggy überbrücken kann. Alle drei Meter Hundehäufchen, die sich nur sehr schwer von Kinderschuhsohlen abkratzen lassen. Autos, die hupend über Zebrastreifen brettern. Aber auch: Eisdielen an jeder Ecke, Blattschneiderameisen mitten zwischen den Häuserschluchten, freundliche Menschen, die unsere Kinder anlächeln, und Kletterbäume, die sofort ausprobiert werden.

Mein Mann und ich lassen uns auf einer Bank nieder, während das Kind über ausladende Wurzeln kraxelt und sich an Ästen hochhangelt. »Glugs«, kommentiert das Baby, als eine Tiersitterin mit einem Dutzend Hunden an uns vorbeiläuft. »Ja«, sage ich zu meinem Mann und blinzele in die Sonne, »so habe ich mir das schon eher vorgestellt.«

Eine halbe Stunde lang genießen wir unser beginnendes Reiseleben, dann führe ich die Familie in eine Eisdiele und bestelle unserer älteren Tochter ein *dulce de leche*-Eis. *Dulce de leche*, also Milchkaramell, ist eine Spezialität, die in ganz Südamerika verbreitet ist und ungefähr in allem drinsteckt, was süß ist: in Bonbons, Eis und Törtchen, in Brotaufstrichen, Kuchen und Pudding. »Landeskunde«, sage ich zu meinem Mann und schaue zu, wie unser Kind sich Finger und Gesicht mit Eis beschmiert.

Auf dem Tisch stehen in einem silbernen Behälter dünne Papierservietten, bedruckt mit der argentinischen Flagge: hellblauweiß gestreift mit einer Sonne in der Mitte. Unsere Tochter isst ihr Eis auf, dann beginnt sie, die argentinische Flagge mit einem

Kugelschreiber nachzumalen. Dank der letzten Fußball-EM kennt sie die deutsche Flagge. Dank ihres Vaters außerdem die des Fußballvereins St. Pauli. Und nun also auch die argentinische.

Sehenswürdigkeiten stehen an diesem Tag nicht auf dem Programm. Nur Alltag – argentinischer. »Schöner Ausflug«, befindet unsere Tochter am Abend. Ja, denke ich. Denn nach den stressigen Wochen vor der Abreise hatten wir Zeit, einfach in den Tag hineinzuleben. Und Zeit für uns als Familie.

Dennoch: Am nächsten Tag wollen wir uns wie echte Touristen benehmen. Also steigen wir in den Bus, um ins Stadtviertel La Boca zu fahren. Dort gibt es eine bekannte Straße namens Caminito mit kunterbunten Häuschen – die in gewisser Weise denen ähneln, die mein Kind unter Einsatz sämtlicher Farbstifte in seinen Zeichenblock malt.

Wer nach Hamburg reist, will einmal die Reeperbahn sehen. Und wer nach Buenos Aires fährt, so erkläre ich meiner Familie, muss halt mal die Tourimeile in La Boca besuchen, Fotos von den farbenfrohen Fassaden machen und der Tangomusik lauschen, die aus jedem zweiten Restaurant schallt.

»So, so, das muss man also gesehen haben«, zischt mir mein Mann zu, während er versucht, den Kinderwagen im Slalom um amerikanische Urlauber, Postkartenstände und Tangotänzer, die sich für ein paar Pesos in Pose schmeißen, zu manövrieren.

»Na ja«, gebe ich zu, »ganz authentisch ist es nicht gerade, aber die bunten Häuser …«

»Ist hier ein Fest, Mama?«, unterbricht uns das Kind.

»Nein, nur Tourismuswahnsinn«, grummelt mein Mann und wimmelt mit einer Handbewegung den achten oder neunten Kellner ab, der uns mit einer mehrsprachigen Speisekarte in sein Restaurant lotsen will.

Da kommt unserer Tochter ein neuer Gedanke. »Ich bin ausverhungert«, sagt sie. »Und Pipi muss ich auch.« Solidarisch fängt auch das Baby an zu schreien. Mein Mann und ich seufzen. Schallende Musik, überteuerte Preise, fettiger Fraß für Laufkundschaft – nicht gerade das, was wir uns vorgestellt hatten.

Schicksalsergeben wenden wir uns dem nächstbesten Mann mit Speisekarte zu. Er zeigt uns ein kleines Lokal, zwei Ecken weiter, ohne Diego-Maradona-Figuren aus Pappmaschee am Eingang, ohne Tangomusik, ohne Touristen. Dafür mit einem Kind, das begeistert auf unseres zuläuft, und seiner Mutter, der Inhaberin des Cafés, die den beiden Malsachen und Schokolade in die Hand drückt.

Wir bleiben, und wir fangen an, mit Francisca, der Cafébesitzerin, und ihrem Mann Rubén zu reden. Über Argentinien und Deutschland, über Kinder und eigene Träume, über das Leben in La Boca, das sich jenseits der bunten Häuschen und Touristenlokale abspielt.

Das Café ist nicht gerade so, wie man es von deutschen Cafés gewöhnt ist. Auf der Toilette rinnt aus einem lecken Rohr beharrlich Wasser auf den Boden. Die Hälfte der Gerichte, die auf der bemalten Speisekarte stehen, gibt es an diesem Tag nicht. Dafür einen Eintopf, der nirgendwo angepriesen wurde. Die Wände hängen voller farbenfroher Bilder, gemalt von Francisca. Sie zeigen schöne Frauen und rankende Pflanzen, Köche, die in dampfenden Töpfen rühren, Che Guevara, der lässig in den Raum blickt.

Rubén, der das Haar kinnlang trägt und bei jedem Grinsen strahlend weiße Zähne blitzen lässt, schenkt uns kostenlos Matetee nach und spielt ein paar Lieder auf seiner Gitarre. Francisca, mit pechschwarzem Haar und großen braunen Augen schön wie die Muse eines Künstlers, zeigt uns ihre Werke. Und erzählt, dass sie eigentlich Tänzerin ist. Während wir ein Sandwich essen, schaukelt sie unser Baby im Arm. Die Große wird von ihrer neuen Freundin

Mora, der Tochter von Francisca und Rubén, zum Kindergeburtstag eingeladen. Drei Stunden später, als wir das Lokal verlassen, nicht ohne uns erneut verabredet zu haben, schaue ich meinen Mann triumphierend an: »War doch ein echter Geheimtipp, oder?«

In den nächsten Tagen schlendern wir durch die Innenstadt, fahren Boot, besichtigen Museen. Nicht in Form eines Besuchsmarathons wie bei meinem letzten Aufenthalt in Buenos Aires, sondern im Kindertempo. Also langsam. Für das, was unser Reiseführer als Tagesprogramm auflistet, brauchen wir fünfmal so viel Zeit – und sind entspannt.

Abends, bevor die Kinder ins Bett gehen, setzen wir uns zusammen und überlegen, was uns von den Erlebnissen des Tages am besten gefallen hat.

Das Baby scheint überall zufrieden zu sein. Selbst, wenn wir uns mit dem Buggy in überfüllte Busse quetschen. Denn dabei kann es am besten flirten. Mit Großvätern, die ihm ihre Finger hinhalten. Mit jungen Mädchen, die ihm über den Kopf streicheln. Und mit Hausfrauen, die es mit spanischen Komplimenten überschütten. Egal, wie voll der Bus ist, es steht immer jemand auf, um uns einen Platz anzubieten. Egal, wie alt die anderen Fahrgäste sind, ob in der Pubertät oder im Greisenalter, das Baby steht im Mittelpunkt.

Die Antworten des Kindes hören sich so an, als ob es den Alltag in Hamburg beschreiben würde. »Der Spielplatz«, sagt es beispielsweise. Oder: »Das Eisessen.« Manchmal wird es auch konkreter. »Der Platz, wo die Kinder die Tauben füttern.« Damit meint es die Plaza de Mayo im Herzen von Buenos Aires, die von Präsidentenpalast, Kathedrale und Nationalbank flankiert wird. Oder: »Die Katzen und die Engel.« Also der Friedhof Recoleta, auf dem beispielsweise die ehemalige Präsidentengattin Evita Peron begraben ist. Und wo unzählige Katzen zwischen den Mausoleen und (Engel-)Skulpturen herumschleichen.

»Die Atmosphäre in Palermo«, findet mein Mann.

»Oh ja«, werfe ich ein, denn der Stadtteil hatte es mir auch angetan. »Vor allem die tollen Läden.«

»Also, die meinte ich gar nicht …«, sagt mein Mann.

»Vielleicht hätte die gepunktete Bluse doch noch ins Gepäck gepasst?«, erwidere ich.

Wenn man uns zuhören würde, könnte man glauben, wir hätten alle vier etwas anderes erlebt. Manchmal herrscht aber auch überraschende Einigkeit. Das MALBA, ein Museum für moderne Kunst, stieß einstimmig auf Begeisterung. Wenngleich aus unterschiedlichen Gründen:

Ein idealer Ort für ein Mittagsschläfchen (das Baby).

Super Rolltreppen und gläserne Aufzüge (das Kind).

Die Architektur (mein Mann).

Die Kunstwerke (ich).

Überhaupt macht Buenos Aires es uns leicht. Die Argentinier sind freundlich, aber niemals zudringlich. Die Stadt ist groß, aber nicht anonym. Rund um die bekannten Sehenswürdigkeiten wimmelt es natürlich von Touristen, aber sie verdrängen niemals die *Porteños*, wie sich die Einwohner von Buenos Aires nennen. Zum Beispiel in San Telmo, einem Stadtteil im Südosten der Stadt. Jeden Sonntagabend, so hatte uns Francisca erzählt, zwischen 19 und 24 Uhr, wenn die Stände des allwöchentlichen Flohmarkts abgebaut sind und die Touristenlokale ihre Tische und Stühle zur Seite räumen, wird auf der Plaza Dorrego getanzt. Dann treffen sich die Anwohner zu einer Milonga, einer Tango-Veranstaltung. Nicht wie in den zahlreichen Tangoshows der Stadt mit Glitzerfummel, gegeltem Haar und übertriebenen Pathos, sondern: ganz normal.

»Da erlebt man Tango, wie er wirklich ist«, hatte uns Francisca berichtet. Alte tanzen mit Jungen, Arme mit Reichen, jeder mit jedem. Dann gehört der Platz, sonst einer der touristischsten der Stadt, den Einwohnern. Und uns. Zumindest als Zuschauer. Mit einer *Empanada*, einer gefüllten Teigtasche, in der Hand, sitzen wir auf den Stufen und schauen zu. Das Kind tänzelt ein bisschen am Rand mit, das Baby lässt sich zur Musik im Arm schaukeln. Mein Mann und ich bewundern die grazilen Tänzer. Und die weniger grazilen, die trotzdem herkommen, um ihr Sonntagabendritual zu pflegen.

Die Kinder kommen erst sehr spät ins Bett. Wie die argentinischen Kinder. Aber wir haben einen Vorwand. Schließlich soll man sich an die Gepflogenheiten seines Gastlands ja anpassen. Und an seine Rituale. Dass die sich mitunter gar nicht so sehr von den eigenen unterscheiden – zumindest nicht die Rituale, die Eltern mit

Kindern pflegen –, zeigt sich ein paar Tage später auf dem ersten gesellschaftlichen Termin unserer Tochter: dem dritten Geburtstag ihrer neuen Freundin Mora.

Wir haben Geschenke gekauft, eine Karte geschrieben, Blumen für die Mutter besorgt. So weit, so vertraut. Kekse und Saft, Torte und Geschenke, Luftballons und Kinderschminke – so sehen deutsche Kindergeburtstage aus. Und argentinische. Tränen und Lachen, viel Geschrei. Auch nichts Neues.

Außer, dass zu argentinischen Kindergeburtstagen das halbe Stadtviertel geladen wird. Dass alle aus einem Becher und einer *bombilla* – einem Trinkröhrchen – Matetee trinken. Dass der Geburtstagskuchen erst angeschnitten wird, wenn deutsche Kinder langsam ins Bett müssen. Dass das Kind sich blendend mit den Spanisch sprechenden Kindern versteht. Und überhaupt: Dass wir überhaupt eingeladen sind – so kurz nach unserer Ankunft.

»Es ist schön, ein bisschen Alltag zu haben, wenn man mit Kindern verreist«, sage ich abends zu meinem Mann. Aber noch schöner, wenn einiges doch ganz anders ist.

Nach knapp zwei Wochen fühlen wir uns in Buenos Aires schon so gut wie zu Hause. Vielleicht, weil wir in einer Wohnung leben und nicht in einem Hotel. Weil die Nachbarskinder unseren Kindern zuwinken, wenn wir den Spielplatz um die Ecke besuchen. Weil uns schon nach wenigen Tagen die Rentnerin in der Wohnung gegenüber, der Fleischer ein paar Häuser weiter, der asiatische Gemüsehändler und der Eisverkäufer am Ende unserer Straße mit Namen begrüßen. Vor allem: Weil wir uns wohlfühlen.

Ein paar Tage, bevor wir weiterfahren, stehen wir wieder im Stadtviertel La Boca, jedoch nicht in einer der touristischen Gassen mit bunten Fassaden, sondern vor einer Straße mit heruntergekommenen Häusern. Ohne Tangotänzer, ohne Touristen.

»Mmh«, sage ich.

»Mmh«, sagt mein Mann.

Wir sind nicht gerade ängstliche Reisende. Doch nun sind wir unsicher. Wir sind hergekommen, um uns von unseren neuen Freunden zu verabschieden. »Ruft an, wenn ihr da seid, dann treffen wir uns vor unserem Café und gehen zu uns nach Hause«, hatte Francisca mir gesagt.

Nur: Die Nummer ist falsch. Oder das öffentliche Telefon funktioniert nicht. Oder der Akku von Franciscas Handy ist nicht aufgeladen. Jedenfalls: Das Café ist zu, Anrufen klappt nicht und das Schlimmste: Unsere Tochter weint.

»Ich will mich doch von meiner Freundin Mora verabschieden«, schluchzt sie.

»Wir können da nicht alleine hin«, flüstert mir mein Mann zu. »Schau mal, was der ›Lonely Planet‹ schreibt.« Ich schnappe mir den Reiseführer und lese: »Warnung!« Darunter ein Stadtplan, auf dem teilweise die Straßennamen fehlen. Stattdessen steht dort: »*Area considered unsafe for tourists.*« Dieser Teil der Stadt wird also für Touristen als gefährlich eingestuft. Ich bin schon oft mit »Lonely Planet«-Reiseführern gereist, kann mich an einen derartigen Warnhinweis aber nicht erinnern.

Das Kind wechselt derweil die Taktik. Es stampft mit dem Fuß auf: »Ich bin stinksauer auf euch, wenn ich nicht zu Mora kann!« Das Baby, das oft solidarisch zu seiner Schwester hält, beginnt zu weinen. Kurz überlege ich, was schwerer zu ertragen ist, eine Bande Verbrecher oder zwei brüllende Kinder. Dann versuche ich es mit Argumenten.

»Das geht nicht Schatz«, versuche ich mit möglichst sanfter Stimme zu erklären. »Dort, wo deine Freundin wohnt, leben auch Räuber.«

Räuber sind nämlich der Inbegriff des Bösen, seit meine Tochter vor einiger Zeit ein Kasperltheaterstück besucht hat, in dem der

Räuber das Geburtstagsgeschenk von Kasperls Freundin Gretel geklaut hat. Auch wenn er sich hinterher entschuldigt hat und sie alle noch Freunde wurden. Ich bezweifele indes, dass die Räuber La Bocas unsere Freunde werden würden.

Unsere Tochter unterbricht meine Gedanken. Sie brüllt noch lauter: »Warum muss meine Freundin Mora da wohnen, wo Räuber wohnen?«

Mist, denke ich. Das war wohl nicht die richtige Erklärung.

Mein Mann und ich schauen uns ratlos an. Mit dem Taxi hinfahren geht nicht, da wir nur eine vage Wegbeschreibung haben und nicht die genaue Adresse kennen. Die Kinder einem möglichen Überfallkommando auszusetzen kommt natürlich auch nicht in Frage.

Zum Glück merken wir in dem Moment, dass wir seit Moras Geburtstag, zu dem rund 30 Kinder und mindestens ebenso viele Erwachsene gekommen waren, im Viertel bekannt zu sein scheinen. Ein Nachbar, mit dem wir zusammen Matetee getrunken hatten, erkennt uns und führt uns zu der Wohnung unserer neuen Bekannten – sein Hund gibt uns Geleitschutz.

Eine metallene Wendeltreppe, die an die Feuerleitern in amerikanischen Spielfilmen erinnert, führt direkt in die Wohnung. Sie misst höchstens 45 Quadratmeter. Ein kleiner Flur zum Hinterhof dient als Durchgang und Wohnzimmer. Durch die Küche, die nur aus Spüle, Kühlschrank und Herd besteht, gelangt man in ein winziges Bad. Ein Zimmer gehört den Eltern, das andere Mora. Verwundert schaut unsere Tochter sich um. »Warum«, fragt sie mich, »haben die nur so eine kleine Wohnung?« Sie ist aus Deutschland großzügige Altbauwohnungen oder Vorstadthäuser gewöhnt, Mittelschichtsleben halt.

Ich erkläre ihr, dass nicht alle Leute gleich viel Geld haben. Und sich nicht alle eine große Wohnung leisten können. Dass wir Glück haben, in einem wohlhabenden Land zu leben und Arbeit zu haben. »Aber«, sage ich ihr. »Es ist egal, wie groß eine Wohnung ist, Hauptsache, sie ist gemütlich.« Und das ist sie. Mein Mann und ich quetschen uns mit Rubén und Francisca auf Sitzkissen in den Flur. Das Kind verschwindet mit Mora im Kinderzimmer – dem größten Raum der ganzen Wohnung. Es ist vollgestopft mit Prinzessinnenbildern, Kuscheltieren, Spielzeug. »Schönes Zimmer«, findet meine Tochter.

Wir essen Reis und Bohnen, trinken Matetee. Das Baby wird von Francisca gehätschelt und mit Spielsachen überhäuft. Die Mädchen spielen in Moras Zimmer, ohne sich blicken zu lassen.

Bevor wir uns am Abend verabschieden, gestehen wir unseren Gastgebern, dass wir fast weitergefahren wären, ohne sie zu besuchen – aus Angst, überfallen zu werden. »Ach«, sagt Rubén. »Alleine wäre euch womöglich wirklich was passiert, aber doch nicht mit den Kindern.«

»Vielleicht«, sage ich auf dem Rückweg zu meinem Mann, »sollte ich Kollege M. eine Postkarte schreiben: Städtetourismus in Buenos Aires – auf jeden Fall nur mit Kindern!«

Zwei Tage bleiben uns noch, bevor wir Buenos Aires verlassen, die erste Station unserer Reise. Alles gesehen haben wir nicht. Auf Shoppingtouren musste ich verzichten, weil wir auf die Gepäckmenge achten müssen. Und auch die Tangobars haben wir ausgelassen. Dafür haben wir neue Freunde gefunden. Eine Familienfeier besucht. Viele neue Eissorten ausprobiert. Und uns entspannt.

Die Stadt fand ich, wie bei meinem letzten Besuch: einfach wunderbar.

Stranddepressionen in Uruguay – ein Kapitel in vier Akten

Oder: Wie kann man es allen Familienmitgliedern recht machen?

Prolog

In der Schule habe ich gelernt: Es gibt Theaterstücke mit drei und mit fünf Akten. Seltener sind Aufführungen mit vier oder mit mehr als fünf Akten. Wikipedia hilft meinen Schulerinnerungen auf die Sprünge: Braucht ein Autor für die tragende Handlung mehr Akte, werden ein Prolog und ein Epilog angehängt.

Wir sind vier Familienmitglieder. Mit vier oft sehr ähnlichen, manchmal aber auch sehr unterschiedlichen Vorstellungen davon, wie ein perfekter Urlaubstag auszusehen hat. Bislang haben wir uns auf einen Kompromiss geeinigt, etwa: ein Schwung Sehenswürdigkeiten gepaart mit einem ausgedehnten Spielplatzbesuch, einer Prise Shopping und natürlich genug Zeit für Kuscheleinheiten. Aber manchmal sind die Wünsche der einzelnen einfach zu groß, um sie zu einem Kompromiss herunterzubrechen. Also haben wir schon vor der Reise beschlossen: Manchmal lassen wir auch Ego-Tage zu. Tage, an denen einer von uns bestimmt, was gemacht wird, und die anderen sich – mehr oder weniger – fügen. Sonst kann der Urlaub auf Dauer zum Drama werden – was wir als Helden unserer Weltreise gerne verhindern möchten.

1. Akt: Mamatag

»Beeil dich«, rufe ich meinem Mann zu, der mürrisch den Kinderwagen über den Sandweg ruckelt. »Komm, Papa, Jesus wartet!«, unterstützt mich unsere Tochter, die ich an der Hand hinter mir herzerre. »Die letzte Auferstehung haben wir um fünf Minuten verpasst«, fahre ich fort. »Nun will ich wenigstens die nächste sehen!«

Am vorletzten Tag in Buenos Aires besuchen wir die »Tierra Santa«, das Heilige Land, ein rund sieben Hektar großer Themenpark mitten in der argentinischen Hauptstadt, zwischen Stadtautobahn und City-Flughafen am Ufer des Rio de la Plata gelegen. Ein religiöses Disneyland, eine Kirchengeschichte aus Gips, Plastik und Beton. Hier wird Weihnachten gefeiert. Und Ostern. Die Erschaffung der Erde, das letzte Abendmahl, Christi Himmelfahrt. Und zwar alles auf einmal, das ganze Jahr über.

Schon Wochen vor der Reise, wir saßen in Hamburg auf dem Sofa und blätterten voller Vorfreude durch die Reiseführer, stieß ich einen spitzen Schrei aus. Mein Mann, der mich schon ein paar Jährchen kennt, wurde sofort misstrauisch. Wenn ich Töne von mir gebe, die nicht erkennen lassen, ob sie Entzücken oder Entsetzen bedeuten, verheißt das nichts Gutes. »Das hört sich grauenvoll an«, stöhnte ich. »Da muss ich hin!«

Also laufen wir an diesem Tag quer durch die Bibelgeschichte im Bilderbuchstil. Kleine Häuschen in Erdtönen angepinselt, Statisten im Schäfer-, Legionärs- oder Prophetenlook, Jesusfiguren an allen Ecken. Dazu Stände mit Zuckerwatte, Plastikkreuzen und schmetternde Fanfaren, die aus Lautsprechern über den Park hinwegschallen.

Mein Mann ist sprachlos vor Entsetzen. Ich schaudere begeistert. Das Kind findet es schön. Das Baby interessiert sich mehr für die eigenen Füße. Zusammen mit einer Schulklasse drängen wir uns in einen künstlichen Berg. Vor mir murrt mein Mann, hinter mir schubsen die Schüler. Unsere Tochter zupft an meinem Rock. »Schau mal, Mama, ein schöner Engel«, sagt sie und zeigt auf eine leuchtende Plastikfigur. Mariä Verkündung. Im Eiltempo laufen wir an Moses, den Propheten und Abraham vorbei. Dann dürfen wir in einem dunklen Saal Platz nehmen. Auf der Bühne gruppieren sich Esel und Ochsen, Schafe und Schäfer, Maria und Joseph, die drei Könige und Dutzende Engel um das Christuskind in der Krippe. Künstlicher Nebel steigt auf, Weihrauch liegt in der Luft. Händels »Der Messias« schmettert aus dem Lautsprecher.

Eine theatralische Stimme wie aus einem Hollywood-Blockbuster kündigt die Geburt Christi an. Dazu schwenken Neonlichter über die Szenerie. Mein Mann verdreht die Augen. »*Que lindo!*«, Wie schön!, stößt eine Rentnerin zu meiner Rechten aus und küsst das Kreuz an ihrer Halskette. Wir eilen weiter. Auf dem Tempelplatz ist es um die Nerven meines Mannes endgültig geschehen. Bauchtänzerinnen schwingen vor dem Hebräischen Tempel die Hüften. Römische Legionäre lassen sich für zwei Pesos mit Muttis in Hotpants fotografieren. In der Kinderecke dudelt ein »Hallo lieber Jesus«-Lied, und ein Passagierjet rast dröhnend über die Köpfe der Passanten hinweg, die Landebahn liegt gleich hinter dem Themenpark.

Eine Lehrerin erklärt mir, dass sie mit ihrer Schulklasse extra angereist ist, um den Kindern die Bibelgeschichte zu veranschaulichen. Auch die Schwester, sie nickt zu einer Nonne hinüber, sei begeistert.

»Die meinen das hier wirklich ernst«, meint mein Mann fassungslos.

Wir passieren die Kreuzigung und besuchen das letzte Abendmahl, das im Parkplan, den man uns an der Kasse in die Hand gedrückt hatte, als »unvergleichlich andächtiges und spirituelles Erlebnis« angekündigt wurde. Fotoapparate klicken, nachdem Jesus unter pathetischen Musikklängen Brot und Wein mit seinen Jüngern geteilt hat, dann ermahnt eine Aufseherin die Besucher, den Saal zügig zu verlassen, bevor die nächste Vorführung startet.

Höhepunkt der Anlage ist die Auferstehungs-Show. »Halleluja«

schallt es durch die Luft und hoch über unseren Köpfen steigt ein 18 Meter hoher Jesus empor. Ein paar Minuten lang klappert er mit seinen Augenlidern, dreht sich marionettenhaft nach rechts und links. Das Publikum klatscht frenetisch.

Ich stoße einen spitzen Schrei aus. Also diesen Ton zwischen Entzücken und Entsetzen. Mein Mann resigniert.

Ich sehe ein: Morgen darf er einen Ego-Tag haben.

2. Akt: Papatag

»Ich möchte ins Grüne fahren«, wünscht sich mein Mann am Morgen.

»Au ja«, sagt das Kind und klatscht in die Hände. Das Baby gluckst.

Also fahren wir los. Zehn Minuten mit einem Vorortzug gen Norden. Dann mit einem kleinen Bummelzug weitere 30 Minuten die Küste entlang. Bis nach Tigre, einer Kleinstadt rund 30 Kilometer nördlich vom Zentrum von Buenos Aires.

»Tigre?«, fragt unsere Tochter. »Gibt es hier Tiger, Mama?«

»Nein, nein«, beschwichtige ich.

»Wieso heißt das denn dann so?«, hakt das Kind nach.

»Mmh, vielleicht mögen die hier Streifen«, murmele ich und komme mir im gleichen Atemzug selten dämlich vor. Aber unsere Tochter gibt sich zufrieden.

Erst abends, als sie schon längst im Bett liegt, erklärt mir Wikipedia, dass der Name auf einem Missverständnis beruht. Man habe Jaguare, die in Argentinien leben, mit Tigern verwechselt. Ist vielleicht doch ganz gut, dass ich das nicht wusste. Sonst hätte das Kind womöglich hinter jedem Busch einen Jaguar vermutet.

In Tigre steigen wir in ein Boot – und sind im Grünen. Wir fahren durch ein Gewirr von Inseln, Kanälen und Flüssen des Delta del

Paraná, wo Dutzende Gewässer in den gigantischen Rio de la Plata münden. Die Namen der vielen Nebenflüsse klingen lustig: Paraná Miní und Paraná Bravo, Paraná Pavón und Paraná Ibicuy, Paraná de las Palmas und Paraná Guazú. Wer das Gebiet überfliegt (oder in unserem Fall es sich bei Google Maps von oben anschaut), sieht ein Labyrinth aus braunen Flüssen und grünen, dicht bewucherten Inseln, die sich auf einer Fläche von 14.000 Quadratkilometern erstrecken.

An der Bootsanlegestelle in Tigre, wo die Fähren und Wassertaxis ablegen, hieß es, das Delta wäre in mehrere Gebiete unterteilt. Die sogenannte Primera Sección sei touristisch gut erschlossen und warte mit Countryclubs, Freizeitparks und Ferienhäuschen auf. Dann gebe es noch das unberührtere Hinterland, das Reich von Reihern, Sumpfhirschen und Wasserschlangen (womöglich auch von Jaguaren). Das Letzte, was mein Mann heute möchte, sind Freizeitparks. Also dringen wir tiefer in das Delta vor. Vielleicht nicht gleich in die wilde Natur, aber zumindest weit weg vom größten Rummel. Monoton rattert der Motor des Schiffs. Mein Mann genießt die Aussicht. Das Baby ist durch das gleichmäßige Schwanken eingeschlummert. Ich zücke die Kamera, meine Tochter feuert mich an:

»Da, badende Kinder!«

»Kanus!«

»Vögel!«

»Der Papa!«

Ich knipse auf Kommando.

Schließlich steigen wir aus, irgendwo im Nirgendwo namens Rama Negra. Wir bewundern Häuschen auf Stelzen, Bananenstauden, subtropische Bäume.

Dann plötzlich: eine Fata Morgana.

Gartenzwerge, Trachtenpüppchen, ein Dackel. Und ein Schild: »Willkommen im Alpenhaus!« Ein Haus mit Geranien und holzverkleideten Balkonen mitten im argentinischen Feuchtgebiet. Es beherbergt ein Hotel und ein Restaurant.

Unsere Tochter findet das nicht weiter verwunderlich. Wohl aber das, was sie dann entdeckt. »Ein Kind!« Der dreijährige Enkel der deutschen Besitzerin, wie sich später herausstellt. Er spricht Deutsch. Und lädt unsere Tochter zum Planschen im Swimmingpool des Hauses ein. Meinem Mann und mir wird klar, dass wir bleiben müssen. Das Kind spielt. Das Baby liegt auf einer Decke im Schatten und betrachtet seine nackigen Füße. Mein Mann und ich sitzen auf einer Terrasse am Fluss, trinken Bier, plaudern mit den deutschen Auswanderern. Und entspannen uns mit einer geballten Ladung Heimat in der Ferne.

Ich gebe zu, der Papatag war eigentlich der perfekte Familientag.

3. Akt: Babytag

Zwei Tage später lassen wir Buenos Aires hinter uns. Wieder per Boot. »Sind wir jetzt in Singapur?«, fragt meine Tochter, als wir die

Fähre verlassen. Sie scheint die einzelnen Stationen unserer Reise, nun ja, noch nicht ganz geografisch zuordnen zu können.

»Nein«, korrigiere ich sie. »Das ist Uruguay.«

»Gibt es hier die giftigen Spinnen und Schlangen?«

»Nein, die leben in Australien.«

»Und was gibt es hier?«

Mmh. Mir fällt ein Scherz ein, der unter Argentiniern beliebt ist, wenn sie nach ihrem Nachbarland gefragt werden: Uruguay, ist das nicht dieser größere Vorort von Buenos Aires? Aber ich glaube, so weit ist das Humorverständnis unseres vierjährigen Kindes noch nicht gediehen. Das der Uruguayer wahrscheinlich auch nicht.

In der Tat wirkt das Land auf der Karte, eingequetscht zwischen den Riesen Argentinien und Brasilien, wie ein Winzlingsstaat. Und auch der Ort, den wir hier aufgesucht haben, ist vergleichsweise klein. Nach zwei Wochen Großstadt haben wir uns entschlossen, nicht Montevideo, sondern Colonia del Sacramento, ein 26.000-Einwohner-Städtchen im Westen des Landes, zu besuchen. Eine Schnellboot-Stunde von Buenos Aires entfernt, mit kleinen Kolonialgebäuden geschmückt, von Bastionen geschützt und – zur Freude unserer Tochter – von Stränden umrahmt.

Doch bevor sie im Sand buddeln darf, wollen mein Mann und ich durch die Altstadt schlendern, immerhin UNESCO-Weltkulturerbe. Ein altes Stadttor, einen Leuchtturm, diverse Museen hat die Stadt zu bieten, doch was legt die Dame im Tourismusinformationsbüro Besuchern besonders ans Herz? Die Pflastersteine. Die seien »alle original, ganz historisch«. In der Tat verdient das alte Pflaster unsere Aufmerksamkeit, allerdings anders, als die Dame es wohl gemeint hat. Unsere Tochter stolpert bereits zum dritten Mal über den unebenen Belag und reibt sich empört das Knie. »Das haben die Bauarbeiter aber nicht ordentlich gemacht, Mama, oder?«, befindet sie. »Das müssen die noch mal neu machen.«

Auch meinen Mann bringen die Pflastersteine in Wallung. »Morgen lassen wir den Kinderwagen definitiv in der Pension«, knurrt er und versucht, die verkeilten Räder aus den breiten Lücken zwischen den Steinen zu befreien. Dafür ist das Baby vom Straßenbelag begeistert. Zumindest indirekt. Denn es hat neuerdings Hunde für sich entdeckt. Fährt ein klappriges Auto über die Holpersteine, fangen die Hunde, die überall durch die Straßen streunen, im Chor zu bellen an. Das Baby juchzt.

Zum Abendessen wählen wir deshalb ein Restaurant an einer Straßenecke. Während wir in Ruhe essen, stiert das Baby auf das Kopfsteinpflaster und die im Sonnenschein dösenden Hunde, die bei jedem Auto wie auf Kommando wild kläffend aufspringen.

»Eindeutig ein Babytag«, kommentiert mein Mann. Und falls mich mal jemand fragt, was Uruguay zu bieten hat, kann ich auf jeden Fall sagen: Pflastersteine.

4. Akt: Kindertag

Ich habe mein Bestes gegeben.

»Das Indianermuseum?«

Das Kind schüttelt den Kopf.

»Der Kunsthandwerksmarkt?«

Energisches Schütteln.

»Der Leuchtturm?«

»Nein«, mischt sich mein Mann ein, »wir haben uns schon entschieden.«

»Stra-hand!«, brüllt das Kind.

»Stra-hand!«, betont mein Mann.

Das Baby hält sich diplomatisch heraus.

Eine Frau muss wissen, wann sie verloren hat. Also geht es heute an den Strand.

Ich kenne viele Menschen, die können sich keine tolleren Ferien vorstellen als einen Strandurlaub. Die sich am meisten entspannen, wenn sie in der Sonne liegen, sich alle halbe Stunde drehen, vielleicht in einer Zeitschrift blättern, ab und zu ein paar Schritte gehen. Ich gehöre nicht dazu. Ich bekomme Stranddepressionen. Kaum liege ich im Sand, unbeschäftigt, fange ich an zu grübeln. Was ich alles so tun müsste (etwa die nächste Unterkunft suchen), was ich schon lange in Angriff nehmen wollte (endlich die überflüssigen Schwangerschaftskilos loswerden), wie es nach der Reise weitergehen soll (im Alltag, im Job). Dann bin ich entweder gestresst (To-do-Liste wartet, während ich faul herumliege), gefrustet (Schwangerschaftskilos) oder in Sorge (Alltag, Job). Aber auf keinen Fall: entspannt. Im Gegensatz zu meiner Familie.

»Ha, endlich richtiger Urlaub«, sagt mein Mann und macht es sich auf seinem Handtuch bequem.

»Muscheln!«, freut sich das Kind und beschäftigt sich rekordverdächtige 45 Minuten selber mit seinem Sandspielzeug und den Strandfunden.

»Gäh«, kräht das Baby vergnügt und bohrt Hände und Füße interessiert in den Sand.

Ich laufe ein bisschen am Strand auf und ab. Beobachte Reiter, die mit ihren Pferden baden gehen. Helfe meiner Tochter bei der Muschelsuche. Betrachte meine Familie. Es ist still. Kein »Ich will aber«, kein Keckern, keine Diskussionen. Ich muss zugeben: Vielleicht war die Strandidee ja gar nicht so schlecht.

»Na gut«, sage ich. »Ein Weilchen können wir ja bleiben, aber heute Abend gehen wir noch in das Indianermuseum, ja?«

»Mal schauen«, erwidert meine Tochter. Dann zitiert sie einen Spruch, den sie von uns immer mal wieder zu hören bekommt: »Mal schauen, wie du dich benimmst.«

Epilog

Vier Ego-Tage liegen hinter uns. Die sich im Nachhinein gar nicht als Ego-Tage, sondern doch als Familientage entpuppten. Gut, einen Tag lang hat mein Mann gelitten, ein anderer gehörte nicht gerade zu meinen Top-10-Urlaubstagen. Aber die Kinder haben sich überall wohlgefühlt, zwischen winkenden Jesus-Figuren und inmitten von Gartenzwergen. Am Strand, im Boot, selbst bei Besichtigungstouren durch UNESCO-geschützte Altstädte, Pflasterstein sei Dank.

Im Urlaub muss nicht jeder Tag für jeden ein Highlight sein. Solange die Eltern entspannt sind, sind die Kinder entspannt. Eine Binsenweisheit, die nicht nur für den Urlaub gilt, sondern überhaupt für das Leben in einer Familie.

Ab in die Pampa!

Oder: Hunger, Pipi, Langeweile – logistische Herausforderungen beim Reisen mit Kindern

Die Berufsauswahl unserer vierjährigen Tochter steht noch nicht ganz fest.

»Fotografin«, sagt sie, wenn sie die Kamera in die Finger bekommt.

»Tierärztin«, heißt es, wenn der Kater meiner Eltern krank ist.

»Prinzessin«, steht auch sehr hoch im Kurs.

Aber neuerdings ist sie sich ganz sicher: »Gaucherin!«

Sie meint damit nicht eine Verbrecherin mit orthografischer Schwäche (bei uns würden Gaunerinnen auch eher Räuberinnen heißen, wie die, die in Moras Stadtviertel leben), sondern die weibliche Form von Gaucho (die bestimmt nicht Gaucherin heißt). Die erste Begegnung mit einem Gaucho hatte sie zu Hause in Hamburg, auf dem Sofa sitzend.

»Wer ist das denn, Mama?«, fragte sie mich und tippte aufgeregt mit dem Finger auf ein Foto im Reiseführer.

»Das ist ein Gaucho«, erklärte ich, »so etwas wie ein Cowboy.«

Cowboys interessieren meine Tochter nicht die Bohne. Gauchos seltsamerweise schon. Wann immer mein Mann und ich seither über mögliche Stationen unserer Reise reden, insistiert sie in einem Tonfall, mit dem sie sonst nur Eis fordert: »Gauchos!« Also sind wir nach San Antonio de Areco gefahren, eine Kleinstadt zwei Stunden nordwestlich von Buenos Aires, laut Reiseführer der »hübscheste Ort in der Pampa«. Und so etwas wie die Wiege der Gauchokultur.

Anfang November, also glücklicherweise genau in der Zeit

unserer Ankunft dort, findet in San Antonio ein traditionelles Gauchofest statt. Der Grund für unseren Besuch. Wir marschieren durch die Straßen, die von kolonialen Gebäuden gesäumt sind, laufen über die zentrale Plaza, schlendern am Ufer des Flusses Areco entlang, stets auf der Suche nach Gauchos – und werden fündig.

Wir sehen tanzende Gauchos, Zigaretten paffende Gauchos, Gauchos am Grill, Gauchos im Gartenstuhl. Nur keine Gauchos auf dem Pferderücken. Das Kind ist mittelzufrieden. Die Besitzerin des Gasthauses, in dem wir untergekommen sind, ist selber Mutter von zwei Kindern und erkennt den Ernst der Lage. »Wir haben auf dem Land noch eine *Estancia*«, sagt sie. »Da könnt ihr gerne mal einen Tag hin und Gauchos treffen.«

»Ist das so was wie ein Bauernhof?«, will unsere Tochter wissen. Mitnichten.

Im Hamburger Umland besuchen wir ab und zu einen Bauernhof, der für Besucher offen steht. Es gibt sauber geharkte Wege. Schilder mit der Aufschrift »Bitte nicht füttern« oder »Achtung, Pferde können beißen«, es gibt ein Hofcafé, in das der hungrige Besucher einkehren kann. Ein Traktor, auf den Kinder klettern können, und natürlich einen Haufen Tiere. Zumindest das letzte Kriterium trifft auch auf die *Estancia* zu. Ansonsten sind die Gegebenheiten, nun ja, etwas anders. Auf der Koppel liegen blanke Rinderschädel. Neben den Ställen ein totes Ferkel. Und mitten auf dem Hof stehen drei Männer und schlachten. Ein ganzes Rind hängt am Haken, das Fell am Boden. Messer hacken in das Fleisch.

Ich bin einem Herzinfarkt nahe. Vor meinem geistigen Auge sehe ich ein verheultes Kind, nächtliche Albträume, wochenlange Sitzungen beim Kinderpsychologen. Doch das Kind: bemerkt nichts. Die Schädel betrachtet es mit wissenschaftlichem Interesse und läuft weiter. Am Schweinchen führen wir es geschickt vorbei, indem wir es auf die grunzenden Artgenossen ein paar Meter weiter aufmerksam machen. Und das geschlachtete Rind wird ignoriert oder nicht mehr als solches wahrgenommen. Denn ein paar Meter weiter steht ein gesatteltes Pferd. Und ein Gaucho. Er springt ohne Steigbügel auf das Pferd. Hebt unsere Tochter hoch und reitet mit ihr eine Runde.

Als sie wissen will, ob er wirklich ein echter, echter Gaucho sei, flitzt er ins Haus und kommt ein paar Minuten später in Gaucho-tracht wieder heraus. Er trägt Lederstiefel und Pumphosen, soge-nannte *bombachas*, um den Hals hat er ein Tuch geschlungen, und auf dem Kopf sitzt die *boina*, eine braune Mütze. Das Wichtigste jedoch hängt an seinem Gürtel: ein Messer.

»Ohne Messer ist ein Gaucho kein Gaucho«, sagt er.

Das Kind hat rote Backen vor Aufregung. Das Baby reißt die Augen auf. Mein Mann befürchtet, die Rolle des zentralen Helden im Leben seiner Tochter einzubüßen.

Abends, als ich unserer Tochter vorsichtig ein paar Fragen stelle und wissen will, was die Männer auf der *Estancia* eigentlich gemacht haben, zuckt sie nur mit den Schultern. »Ich weiß nicht. Aber weißt du was, Mama?« Und bevor ich antworten kann, erklärt sie: »Ich möchte später auch Gaucherin werden.«

Als sie schläft, schaue ich im Internet nach, was der richtige Begriff für Gaucherin ist. Er lautet ganz desillusionierend: Bäuerin.

»Na ja«, sage ich zu meinem Mann, »wenigstens nicht Schlachterin.«

Am nächsten Tag verlassen wir die Gauchos. Oder vielmehr: Wir versuchen, sie zu verlassen. Denn Aufbrechen dauert bei uns so seine Zeit. Seit mein Mann und ich Kinder haben, kommen wir morgens nicht aus dem Knick.

»Wen ziehst du an?«, fragt mein Mann. »Das sich windende Kind oder das widersprechende?«

»Nööö, noch nicht anziehen«, sagt das widersprechende.

Das sich windende kullert derweil über den Fußboden davon.

Bis endlich alle angezogen sind, gegessen haben, auf Toilette waren, alles für den Tag zusammengerafft haben, wieder alle auf Toilette waren, wieder etwas gegessen haben, wieder auf Toilette waren, ist es mittags. Dann erst kann die Familie auf Erkundungstour gehen – sei es in Hamburg oder in der argentinischen Pampa. Eine Marotte, die wir beim Einsteigen in den Flieger nicht so einfach abstreifen konnten wie die deutsche Herbstjacke, um sie gegen ein neues, frühlingshaftes Outfit einzutauschen.

Am schwierigsten sind die Tage, an denen wir einen Ort verlassen, um weiterzureisen. Denn: Unsere Tochter hasst es, wenn wir unser Gepäck zusammenraffen. Also das, was immer dann ansteht, wenn wir eine Station verlassen, um einem neuen Ziel entgegenzustreben. Das passiert auf einer Reise natürlich ständig. Wir haben ein recht ausgeklügeltes System entwickelt, um unser

Gepäck in Zaum zu halten. Ein Rucksack für die Kinder, einer für unsere Sachen. Mehrere Beutel in jedem Rucksack sollen einfaches Navigieren ermöglichen. Theoretisch jedenfalls.

»Welcher ist noch mal der Beutel mit der Unterwäsche?«, fragt mein Mann.

Ratlos blicke ich von einem Beutel zum anderen. Technikbeutel (ein Wirrwarr aus Handy-, Kamera- und Laptopkabeln), Unter-wäschebeutel (von mir, von der großen Tochter, von der kleinen Tochter), Medikamentenbeutel, Kosmetikbeutel, Krimskramsbeu-tel, Weiß-der-Himmel-was-Beutel. Bevor ich meine Beutel-Ex-pertise einsetzen kann, unterbricht mich das Kind: »Langweilig!«, brüllt es.

Was unsere Tochter dann beruhigt, sind drei Trümpfe, die wir in petto haben: Jim Knopf, Ritter Rost und meine Mutter. Jim Knopf ist zurzeit ihre Lieblingsgeschichte auf dem E-Book-Reader. Während einer sie ihr vorliest, kann der andere wenigstens in Ruhe packen. Ritter Rost ist ein Kinder-Musical auf dem MP3-Player. Den setzen wir nur sparsam ein, denn er muss auch für Bus- oder Zugfahrten herhalten, also häufig, denn wir sind in Argentinien mit öffentlichen Verkehrsmitteln unterwegs. Und schließlich meine Mutter. Die perfekte Babysitterin, zur Not auch elektronisch. Via Skype erzählt sie unserer Tochter Geschichten, während wir sämt-liche Beutel in die Rucksäcke stopfen.

Geschichten helfen auch in anderen Situationen weiter, etwa dann, wenn die Stimmung des Kindes zu kippen droht. Am besten Geschichten, die der jeweiligen Situation angepasst sind. Zum Bei-spiel eine Woche später, rund 1300 Kilometer weiter südlich. Wir sind auf die Halbinsel Valdés gefahren, die für ihren Tierreichtum bekannt ist. Vor der Küste schwimmen Wale und Delfine. Am Strand sonnen sich Seelöwen und See-Elefanten. Außerdem gibt es Nandus, Guanakos, Graufüchse und Pampahasen. Tiere, von deren

Existenz das Kind bislang nichts wusste. Das Baby auch nicht. Aber das gilt in seinem Fall auch für Pferde oder Kühe.

Seit einer halbe Stunde schippern wir über das Meer, um Meeressäuger zu beobachten. Das Kind, das vor der Bootstour angekündigt hat, Meeresbiologin werden zu wollen, hatte begeistert, dann halbwegs begeistert, dann gar nicht mehr begeistert auf die Wellen gestarrt. Denn: Kein einziger Wal in Sicht.

»Mama«, ahme ich eine Kinderstimme nach, »ich würde so gerne mal ein Menschenkind sehen.«

Schlagartig hellt sich die Stimmung auf. »Oh ja«, spornt meine Tochter mich an, »eine Geschichte!«

»Na gut, Waltraut«, brumme ich jetzt mit etwas tieferer Mama-Walstimme weiter, »du bist ja jetzt schon ein vierjähriger Kindergartenwal. Wir können eine Menschenbeobachtungstour machen.«

Vier Augen (neben uns auf dem Boot sitzt noch ein deutsches Kind) stieren nicht mehr auf das Wasser, sondern heften sich an meine Lippen.

»Aber du musst geduldig sein, Waltraut«, spricht Mama Wal (alias ich) weiter, »denn die Menschen verstecken sich manchmal mit ihren Booten. Es kann eine Weile dauern, bis wir welche finden.«

Unser Schiff gleitet weiter über die Wellen, Waltraut und ihre Mutter schwimmen durch das Meer. Dann endlich gibt der Kapitän das erlösende Signal: Wale in Sicht!

»Menschen in Sicht!«, ruft Mama Wal.

»Wo?«, ruft das Kind.

»Wo?«, ruft Waltraut.

»Da!«, rufen Mama Wal und ich gleichzeitig.

Das Kind ist begeistert. Ein paar Minuten später tauchen weitere Wale auf. Auch eine Mutter mit ihrem Kalb.

»Waltraut!«, schreit meine Tochter aus Leibeskräften.

Die Wale verschwinden in der Tiefe, die Schwanzflosse taucht noch einmal kurz über der Wasseroberfläche auf.

»Waltraut hat mir zugewunken«, ruft das Kind und winkt fleißig zurück.

»Das Menschenkind hat mir zugewunken«, ruft Waltraut.

Das Kind strahlt. Ich seufze erleichtert. Die Stimmung ist gerettet.

Es folgen viele weitere Geschichten. Über Gisela Guanako, Norbert Nandu, Freddy Fuchs. Das einzige Problem: Mit der Zeit wird unsere Tochter geschichtensüchtig. Immer wenn mein Mann und ich ein paar Worte miteinander wechseln möchten, fordert sie: »Noch eine Geschichte!« Und ist sie mal mit etwas anderem beschäftigt, keckert mit Garantie das Baby. Zeit für ausgiebige Erwachsenengespräche finden wir tagsüber kaum.

»Findest du nicht«, frage ich abends, als die Kinder im Bett liegen, meinen Mann, »dass wir hier mehr Eltern sind als sonst?«

Mein Mann versteht solche Sätze. »Mmh«, erwidert er, »viel Zeit nur für uns haben wir nicht gerade.«

Zu Hause geht das große Kind in den Kindergarten. Manchmal haben wir einen Babysitter und gehen aus. Mal treffe ich mich mit Freundinnen, mal ist mein Mann unterwegs. Und wir haben normalerweise die Abende, wenn die Kinder im Bett liegen, um uns in Ruhe zu unterhalten, ohne dass eine Kinderstimme oder ein Babykeckern das Gespräch im Zwei-Sekunden-Takt unterbricht.

Im Urlaub sind die Tage ganz der Brutpflege gewidmet. Und die Abende der Brutorganisation: Kinderanziehsachen waschen, kindgerechte Unterkunft für die nächste Station suchen, Brei kochen. Vor allem Letzteres ist während der Reise eine logistische Herausforderung.

Mit sieben Monaten verlangt das Baby nicht nur nach Muttermilch, sondern auch nach Brei. Gleich nach unserer Ankunft in

Argentinien sind wir Dutzende Supermärkte, Bioläden, Apotheken und Drogerien abgelaufen. Wir stellten eins fest: Sämtliche Babynahrung ist entweder mit Salz (Gemüsebrei) oder Zucker (Milch- und Obstbrei) angereichert. Beides wollen wir unserem Baby jedoch noch vorenthalten. Also bereiten wir selber Brei zu. Wir zerkleinern Obst, mischen Haferflocken dazu, köcheln Gemüse. In Buenos Aires konnten wir den Gemüsebrei portionsgerecht einfrieren. Seit wir umherreisen, sind wir dazu übergegangen, ihn einzukochen, da wir nicht immer Zugang zu einem Kühlschrank haben. Unser Gepäck ist gefühlte fünf Kilo schwerer geworden: Futterreserven für das Baby, mundgerecht in kleine Gläser abgefüllt.

Das beschert uns Aufmerksamkeit: Von Metzgern, die mir fassungslose Blicke zuwerfen, wenn ich statt riesiger Steaks nur eine dünne Scheibe fettfreies Fleisch bestelle und dann auch noch erwähne, dass sie später zu Brei püriert wird. Von rucksackreisenden Studenten, die in einer Backpacker-Herberge eine Babybreiverkostung fordern und neugierig zusehen, wie wir allabendlich Schnuller und Löffel auskochen. Von Restaurantbesitzern, die uns persönlich zwischen Köchen und Kellnern hindurch an Herd oder Mikrowelle geleiten, damit wir dem Baby wohltemperierte Nahrung servieren können.

»Immerhin«, sagt mein Mann. »haben wir keine Probleme, Land und Leute kennenzulernen.«

Dass in puncto Brutpflege alles noch steigerungsfähig ist, beobachten wir am nächsten Tag – im Tierreich. Punta Tombo, ein Naturschutzreservat an der Atlantikküste, gilt weltweit als größte Brutstätte von Magellan-Pinguinen. Wie Gartenzwerge stehen die schwarz-weißen Vögel in der Landschaft rum. Der Boden ist durchlöchert wie ein Schweizer Käse – eine Bruthöhle neben der anderen.

»Gäh«, schreit das Baby, jedes Mal, wenn es einen Pinguin sieht. Wir bekommen an diesem Tag eine Menge »Gäh« zu hören.

»Ich werde später Pinguinforscherin«, teilt uns indes das Kind mit.

»Ah«, sagt mein Mann, »ein neuer Berufswunsch.«

Ich höre nur mit einem Ohr hin. Einen Meter vor mir kriecht ein Pinguin mit einem – wie ich finde – leicht gequälten Gesichtsausdruck aus seiner Bruthöhle. Er öffnet den Schnabel, als ob er nach Luft schnappen wolle, reckt seinen Hals und streckt die Flügel aus. Ein paar Minuten lang putzt er sein Gefieder und watschelt vor der Höhle auf und ab. Dann kriecht er wieder hinein, um in geduckter Haltung seine beiden Eier zu bewachen. Mir scheint: Ein 24-Stunden-Job mit wenigen Pausen. Nachdenklich betrachte ich das Tier. Heute Nacht gegen zwei wollte das Baby gestillt werden – und blieb gleich bei uns im Bett liegen. Eine halbe Stunde später schlüpfte das große Kind, verschreckt durch einen Albtraum, unter meine Decke. Als ich am Morgen mit steifen Gliedern aufwachte, fühlte ich mich so wie dieser Pinguin.

Mitleidig betrachte ich das Tier, das einsam auf seinen Posten zurückgekehrt ist. Ein Juchzen des Babys unterbricht meine Gedanken. Mein Mann hält es im Arm und galoppiert mit ihm den Weg entlang. Auf dem Rücken trägt er das große Kind. »Ich bin eine Gaucherin«, spornt es ihn an, »hüa, Pferdchen!«

»Wie schön«, erzähle ich später meinem Mann, »wenn man sich die Brutpflege teilen kann.« Die Arbeit. Die Freude an den Kindern.

Und, so füge ich am nächsten Tag gedanklich hinzu, die Schrecken. Denn damit beginnt der nächste Berufsorientierungstag unserer Tochter, den wir nicht bei kleinen Pinguinen, sondern bei Riesen verbringen.

Es ist der Albtraum jeder Mutter. Eine Minute schaut man mal nicht hin – und schon befindet sich das Kind in den Klauen einer Bestie. Unser Kind!

Jetzt heißt es, einen kühlen Kopf bewahren. Handeln! Sich nicht von gebleckten Zähnen abschrecken lassen. Die Bestie muss gerettet werden – vor meinem Kind. Denn sie sieht verdächtig wackelig aus.

»*No, no*«, wiegelt da eine Museumswärterin ab. Sie hat das Absperrseil eigens entfernt, um meiner Tochter den Zutritt zu gewähren. Zutritt zu einem Dinosaurier. Ein Tyrannotitan, zwölf Meter lang, fünf Meter hoch und ein klein wenig älter als mein Kind. Etwa 70 Millionen Jahre. Eines der größten fleischfressenden Landtiere, die es je gegeben hat. Es ist nicht die einzige Riesenechse des Paläontologischen Museums in Trelew. Nebenan lauert ein recht bissig aussehender Carnotaurus. Daneben ein Nest mit Dinoeiern, ein sehr besonderer Fund, der 75 Millionen Jahre unbeschadet überstanden hat. Und ein etwa schafsgroßer Eoraptor, der schlappe 220

Millionen Jahre auf dem Buckel hat. Damit ist er einer der ältesten bekannten Dinosaurier, die bislang entdeckt wurden. Das erklärt mir jedenfalls der Direktor des Museums.

Argentinien, erzählt er mir, gilt als einer der wichtigsten Dino-fundstätten weltweit. In Patagonien, einem wenig besiedelten Gebiet im Süden des Landes, wurden einige der ältesten und größten bekannten Dinosaurier der Welt gefunden. Das Gebiet sei ein riesiger Friedhof, auf dem man alles finden könne, was in den letzten 400 Millionen Jahren gelebt hat. In den Steinen direkt an der Oberfläche haben die Fossilien sich in Millionen von Jahren abgelagert. »Ich bin sicher«, glaubt der Direktor, »dass dort noch viele Dinosaurier darauf warten, entdeckt zu werden.«

Während ich mit ihm rede, hält unsere Tochter Zwiesprache mit dem Tyrannotitan. Sie spricht gerne mit Tieren. Und mit Dingen. Vor Kurzem habe ich sie sogar dabei erwischt, wie sie sich mit einem Wasserhahn unterhielt. Offenbar spricht sie auch gerne mit Knochen.

»Ich habe auch Dinos zu Hause«, vertraut sie der Bestie an. »Von der Schnullerfee.«

Für alle, die keine Kleinkinder haben: Die Schnullerfee ist die Schwester der Zahnfee und eine weit entfernte Verwandte von Osterhase, Christkind und Weihnachtsmann. Also eine Art Instrument der Eltern. Als unsere Tochter vor knapp zwei Jahren nach monatelangem Zureden ihren Schnuller auf die Fußmatte legte, damit die Schnullerfee ihn nachts abholen konnte, fand sie am nächsten Morgen dort als Dankeschön einen Dino vor. Das muss ein ziemlich einschneidendes Erlebnis in ihrem Leben gewesen sein. Sie spricht heute noch davon. Auch zu ihrem neuen Freund, dem Tyrannotitan.

Später, nachdem sie und ich unsere jeweiligen Gespräche be-endet haben, tauschen wir uns aus.

»Der Dinosaurier frisst uns nicht«, sagt meine Tochter, »weil wir jetzt Freunde sind.«

»Dann ist ja gut«, kommentiert mein Mann. Das Baby beäugt derweil interessiert einen spitzen Zahn des Tyrannotitan. Die Museumsmitarbeiterin wirft ihm Kusshände zu und besteht darauf, uns im Maul der Bestie zu fotografieren.

Dann erzähle ich, was der Direktor mir berichtet hat. Nämlich dass ein Dino nach demjenigen benannt wird, der ihn gefunden hat. Der Carnotaurus im Nebenraum, fahre ich fort, wurde beispielsweise zufällig von einem Gaucho auf einem Acker gefunden.

»Einem Gaucho?«, fragt meine Tochter begeistert.

»Ja«, erwidere ich. »Einem Gaucho namens Anselmo Sastre. Deshalb heißt der Dinosaurier jetzt Carnotaurus Sastrei.«

»Ich will auch einen Dino finden«, jubelt das Kind. »Und Pala… äh werden.« Sie meint Paläontologin, also Dinoforscherin.

In solchen Situationen sollte man nicht widersprechen, sondern einfach nur nicken. Wer will sich schon mit einer paläontologischen Gaucherin anlegen?

Quer durch die Anden

Oder: Bus, Bahn, Schiff – Können Familien mit öffentlichen
Verkehrsmitteln reisen?

Verschlafen reibt sich das Baby die Augen und räkelt sich. Auch seine große Schwester regt sich langsam. Sie gähnt herzhaft und blinzelt fröhlich in die Sonne. Beide sehen ausgeruht aus – und gut gelaunt. Ich stupse meinen Mann an.

»Experiment geglückt«, kommentiert er zufrieden und streckt sich ebenfalls.

Ich nicke erleichtert. Wir sind mit dem Bus unterwegs. Seit zwölf Stunden. Nicht gerade das, was man mit ausgeruhten und gut gelaunten Kindern assoziieren würde. Aber wir sind in Argentinien – und da ticken selbst die Busse anders als ihre deutschen Pendants.

Vor der Reise haben wir uns überlegt, wie wir denn überhaupt reisen wollen. Die Flugrouten standen fest. Aber im Land wollten wir in puncto Fortbewegung flexibel sein. Die meisten Familien, die ich kenne, würden sich vor Ort einen Mietwagen mieten oder gleich mit dem eigenen Wagen in Urlaub fahren. Doch für uns gibt es da drei große »Aber«.

»Aber Nr. 1«: Unser Reiseziel ist mit dem eigenen Wagen nicht erreichbar, es sei denn, man würde ihn kostspielig auf ein Schiff verladen. Viele Reisende, die mehrere Monate in Lateinamerika bleiben, kaufen sich deshalb einen Gebrauchtwagen vor Ort und verkaufen ihn wieder, wenn sie abfahren. Für zwei Monate, befanden wir, zu viel Aufwand.

»Aber Nr. 2«: Das Budget. Ein Mietwagen für zwei Monate? Plus Benzin? Ganz einfach: Zu teuer.

»Aber Nr. 3«: Wir sind keine Autofamilie. In Hamburg wohnen wir so zentral, dass wir in der Stadt eigentlich nur zu Fuß, mit dem Fahrrad, mit öffentlichen Verkehrsmitteln oder, im Falle des Babys, mit Tragetuch und Kinderwagen unterwegs sind. Weder mein Mann noch ich fahren gerne Auto. Und die Kinder erst recht nicht.

An der argentinischen Küste hatten wir uns für einen Tag ein Auto geliehen, um in Punta Tombo die Pinguine aufzusuchen. Der Pinguinbesuch war großartig. Am Rest des Tages, den wir im Auto verbrachten, war die Familienlaune auf dem Tiefpunkt: Das Baby kämpfte schreiend gegen seine Babyschale an, seiner Schwester war permanent schlecht. Dazu stellten wir fest, dass in den Tankstellen Patagoniens leider häufig der Sprit alle ist, selbst in der Stadt. An den wenigen Tankstellen, die noch Benzin zur Verfügung hatten, standen die Autos Schlange. Und wir mit ihnen.

Also setzen wir auf Alternativen. Wir sind mit dem Zug gefahren (ganz nett), mit Schiffen (gut für Fotos) und ab und an mit dem Taxi (vorsichtshalber immer die Kotztüte fürs Kind im Anschlag). Nun also mit einem Überlandbus, eine – wie mein Mann und ich schon von vorherigen Südamerikareisen wussten – komfortable Lösung. Denn in den argentinischen Nachtbussen schläft man wie in der Business Class. Es gibt Abendessen und Frühstück, Kopfkissen und Decken, Sitze, die sich fast komplett zurückklappen lassen. Wer mag, kann fernsehen. Und im Gegensatz zur Business Class im Flugzeug ist die Salón-Cama, also die Liegewagenklasse der Busse, erschwinglich. Wir haben kurz überlegt und dann unser Geld gut investiert: In einen eigenen Platz für die Vierjährige, die unter ihrer Decke eingerollt die ganze Nacht tief und fest geschlafen hat.

Nun ist sie endgültig wach und blickt verwundert aus dem Fenster des Reisebusses. »Ist das hier ein anderes Land, Mama?«, will sie wissen. Das fragt sie eigentlich an jeder neuen Station. Egal, ob wir eine Stunde oder, wie jetzt, eine ganze Nacht durchgefahren sind. Doch diesmal ist die Frage berechtigt. Denn die Gegend um Bariloche, einer Stadt am Fuße der Anden, sieht wirklich aus wie ein anderes Land, wenn man von der Küste kommt.

»Hier ist es so bunt«, meint das Kind.

An der Küste, auf der Halbinsel Valdés, beschränkten sich die Farben auf Blau (der Himmel, das Meer), Braungrau (Schotterpisten, Guanakos, Wale, Pampahasen, Landschaft mit – nun gut, ich gebe zu – grünbräunlichen Sträuchern, kniehoch und dornig), Schwarz-Weiß (Pinguine). Doch am Fuße der Anden ist es farbenfroh. Der Schnee auf den Bergen glitzert, auf den Wiesen wächst Klee und Löwenzahn. Ginsterbüsche bedecken wie ein riesiger sonnengelber Flokati die Landschaft. Die Bäume tragen rote Blüten und zwischen türkisgrünen Flüssen und tiefblauen Seen stehen schindelgedeckte Häuschen. Es riecht nach Blüten und Bergluft. Wir sind angekommen in der »Schweiz Patagoniens«. Um genau zu sein, in San Carlos de Bariloche, dem größten Ort der Provinz Río Negro, ein hübsches Städtchen, das sich an Berge und Seen schmiegt.

»Natur!«, ruft mein Mann begeistert, nachdem wir in einer Herberge eingecheckt haben. »Wir müssen wandern gehen.« Dann schaut er uns misstrauisch an. Er weiß, er hat es mit drei ausgeprägten Stadtfrauen zu tun. Oder zumindest mit zweien, das Baby hat sich da noch nicht so festgelegt.

Ich entsinne mich daran, wie unsere große Tochter – sozialisiert in Hamburg – einmal mit ihrem Opa, der auf dem Land lebt, im Wald spazieren ging. Irgendwann hatte sie keine Lust mehr. »Ich will nicht mehr im Wald sein«, sagte sie. »Ich möchte in ein Café, Kindercappuccino trinken.« Damit meinte sie warme, geschäumte Milch, die in den Family-Hipster-Cafés Hamburgs den jungen Gästen kredenzt wird. Der Großvater war sprachlos.

Mein Mann, selber auf dem Land aufgewachsen, versucht seither bei jeder Gelegenheit, unser Kind an die Natur heranzuführen. Offenbar mit Erfolg. Wir wandern, wir werfen Steine in Bäche, wir sammeln Stöcke, klettern über Felsen, erklimmen uralte Patagonische Zypressen. Das Kind strahlt.

Wir kehren nicht ein, sondern nehmen Picknick mit. Das Baby juchzt, wenn es auf der Picknickdecke strampeln darf, die wir extra aus Deutschland mitgebracht haben. Es blinzelt in die Baumkronen, rupft Gras, schaut erstaunt einer Gänsefamilie hinterher, die ein paar Meter weiter an uns vorbeiwatschelt. Das Kind hat Holzstücke zu Wanderstöcken umfunktioniert, füttert borstige grün-rote Raupen mit Blättern, stürmt über wackelige Brücken, die über sprudelnde Quellen führen. Ja, auch uns Stadtfrauen gefällt die Natur.

Zumindest dann, wenn uns keine Ungeheuer angreifen, die – glaubt man den Legenden der Ureinwohner – gar nicht mal so selten sind. Eines beispielsweise soll im Nahuel-Huapi-See leben. Das erzählen uns zumindest zwei kolumbianische Schwestern, die wir auf einem Ausflugsboot treffen. Beide um die 30, langhaarig, aufwendig geschminkt und verrückt nach Kindern. »Die Indios sagen, dass es Nahuelito heißt«, wispert Marisol, die Ältere, uns zu, »ein schwanenhalsiges Seeungeheuer mit krokodilähnlichem Leib.« Also eine lateinamerikanische Variante von »Nessie«, dem Monster von Loch Ness. Die beiden – nicht die Monster, sondern die kolumbianischen Urlauberinnen – haben unsere Kinder während der Bootsfahrt adoptiert. Während die ältere Schwester das Baby im Arm schaukelt, flicht die andere der Großen Zöpfe.

Mein Mann und ich nutzen die Zeit und genießen die Aussicht. Auf die Gipfel der Anden, die sich wuchtig im Hintergrund erheben. Auf die kleineren, grünen Hügel weiter vorne, die Teil eines Nationalparks sind. Auf eigentümliche Arrayán-Bäume am Ufer einer Halbinsel, deren rötliche Stämme keine Borken tragen. Und auf das blaue Wasser des Sees, dessen fjordähnliche Ausläufer sich wie die Finger eines Riesen in die Landschaft strecken.

Ein gellender Schrei des Kindes lässt uns aufschrecken. Parallel setzt das Brüllen des Babys ein. »*Qué bestia!*«, kreischt die eine Kolumbianerin. »Was für eine Bestie!« Mit einem kurzen Blick erfasse ich die Lage. Die Kinder heulen zwar in voller Lautstärke, befinden sich aber immerhin noch in den Armen der Kolumbianerinnen. Die Große blutet am Finger, scheint aber nicht ernsthaft verletzt zu sein. Und die *bestia* entpuppt sich zum Glück nicht als Nahuelito, das aus den Tiefen des Sees aufgetaucht ist, um über unsere Töchter herzufallen, sondern als gefräßige Möwe. Beim Versuch, meinem Kind einen Keks aus den Fingern zu klauen, hat sie – nun ja – danebengepickt. Das Baby ist unverletzt, wurde aber durch das Geschrei seiner Schwester so erschreckt, dass es in gleicher Lautstärke brüllt.

»Heute Nachmittag«, sage ich meinem Mann, nachdem beide Kinder getröstet und mit neuem Keks ausgestattet wurden, »können wir ja in Bariloche bleiben und mal wieder ein wenig Stadtleben schnuppern.«

»Ja«, sagt unsere Tochter. »Und Kindercappuccino trinken.« Möwen, so betont es später noch mal, möchte es nicht mehr sehen. Deshalb verschweige ich ihr auch, was ich ein paar Tage später im Reiseführer lese. Wir sitzen wieder im Bus. Diesmal nicht für eine ganze Nacht, sondern nur über Mittag, auf dem Weg nach San Martin de los Andes. Das Kind hört Hörbuch, das Baby schläft. Mein Mann und ich haben Zeit, uns in Ruhe zu unterhalten und im Reiseführer zu blättern.

»Oje«, sage ich und schiele vorsichtig zu unserer Tochter hinüber. »San Martin de los Andes heißt in der Sprache der Mapuche-Indianer *Pucaullhué*«, zitiere ich aus dem Buch. »Das heißt übersetzt so viel wie *Ort der Möwen*.«

Tatsächlich entpuppt sich die Stadt als angenehmer Ort (mit wenigen Möwen, die irgendwo am Himmel flattern). Umgeben von Bergen und Seen, mit knapp 25.000 Einwohnern nicht zu riesig, aber groß genug, um eine angenehme Infrastruktur aufzuweisen. Und mit Einwohnern, die wie fast alle Argentinier sehr freundlich und kinderlieb, aber überhaupt nicht aufdringlich sind.

Wer nach San Martin de los Andes fährt, ist normalerweise ein Aktivurlauber. Im Winter kann man skifahren. Im Sommer wandern oder über die Seen paddeln, reiten oder auf Vulkane klettern. Wir wollten mal Passivurlauber sein. Drei Tage lang zur Ruhe kommen. Vielleicht ein bisschen spazieren gehen. Im Ort bummeln. Wäsche waschen. Unsere Unterkunft haben wir entsprechend strategisch ausgewählt. Wir sind bei deutschen Auswanderern untergekommen, die eine kleine Pension betreiben. Mit deutschen Kindern. Einem Kinderzimmer. Und als kleines Bonbon noch obendrauf: Mit einem Katzenbaby.

Die Rechnung geht auf. Das Kind verschwindet mit der Gastgebertochter im Kinderzimmer und ward über Stunden nicht mehr gesehen. Das Baby vergnügt sich mit Babyspielzeug im Wohnzimmer oder beobachtet, auf seiner Krabbeldecke liegend, erstaunt das Kätzchen, das mit einem Wollknäuel eine Ein-Katz-Unterhaltungsshow liefert. Mein Mann und ich genießen die ungewohnte Kinderfreiheit und haben Zeit, eine erste Bilanz zu ziehen. Eine Argentinien-Bilanz, denn San Martin de los Andes ist unsere letzte Station in diesem Land. Von hier geht es weiter nach Chile. Einmal quer über die Anden.

»Das nächste Mal schauen wir uns den Norden an«, plane ich begeistert. »Wir müssen dann unbedingt die Iguazú-Wasserfälle besuchen und …«

»Das nächste Mal?«, fragt mein Mann entgeistert.

»Ja, auf unserer nächsten Weltreise«, sage ich. »Oder wollen wir vielleicht zwei-drei Jahre hier leben? Hier war doch ein Hotel zu verpachten.« Ganz in der Nähe unserer Unterkunft hatten wir ein geschlossenes Hotel mit deutschem Namen entdeckt. Die bisherigen Besitzer – sagte uns unsere Gastgeberin – seien zurück nach Österreich gezogen, jetzt suche man einen neuen Betreiber.

»Wäre toll, wenn ihr herziehen würdet«, pflichtet mir unsere Gastgeberin bei.

Ich nicke begeistert.

Mein Mann seufzt. »Jetzt schauen wir uns erst einmal die anderen Länder an«, meint er.

Dazu begeben wir uns am nächsten Morgen in die Stadt mit der Mission, unsere Weiterreise zu organisieren, wieder – so der Plan – mit öffentlichen Verkehrsmitteln.

Schon vor Beginn unserer Einmal-um-die-Welt-Tour haben wir uns Gedanken darüber gemacht, wo wir am besten die Anden überqueren. Manche Urlauber brüsten sich damit, über den höchsten Pass gefahren zu sein. Wir haben nach dem niedrigsten gesucht, um unsere ans flache Norddeutschland gewöhnten Kinder nicht zu großen Höhen aussetzen zu müssen, Ohrendruck, Atemnot und Höhenkrankheit inklusive.

»Hua Hum«, sagte Google.

»Hua Hum«, sagte das Fremdenverkehrsamt Turismo Chile, als ich fragte, wie wir am besten von Argentinien kommend unser erstes Ziel in Chile erreichen, das Naturreservat Huilo Huilo, das sich westlich der Anden erstreckt.

»Hua Hum«, sagte mein Mann, »das machen wir.«

Ich war misstrauisch. Weder im Reiseführer noch im Internet fand ich Informationen über öffentliche Verkehrsmittel, die dort die Grenze passieren.

Mein Mann winkte ab. »Ach was«, sagte er, »das lässt sich hier vor Ort schon organisieren.«

»Hua Hum?«, fragt die Angestellte im Tourismusinformationsbüro San Martin erstaunt. »Haben Sie denn einen eigenen Wagen?«

Nein, haben wir nicht.

»Außerdem«, ergänzt die Angestellte, »gibt es dort keinen Geld-
automaten, an dem Sie chilenische Pesos erhalten.« Sie schaut uns
an, blickt auf das Baby, dann wieder auf uns. »Und Nahrungsmittel
dürfen Sie auch nicht über die Grenze mitnehmen.«

Vorwurfsvoll schaue ich meinen Mann an. Wir haben kein Auto.
Dafür ein hungriges Baby, das Babynahrung braucht, die man im
Naturreservat bestimmt nicht kaufen kann. Zumal, wenn man
keine chilenischen Pesos hat.

Aber zum Glück sind wir in Südamerika. Da werden Probleme
spontan gelöst. Unsere deutsche Gastgeberin besorgt uns einen
Fahrer. Chilenische Pesos gibt es in San Martin de los Andes in
der Wechselstube. Und die Babynahrung? »Die schmuggeln wir«,
meint unser Fahrer energisch. Wenn wir erwischt werden, versucht
er mich zu beruhigen, könne er ja sagen, das Baby sei krank und be-
nötige dringend genau dieses spezielle Essen – unsere eingekochten
Gläschen und Haferflocken.

Also fahren wir los. Durch ein Naturreservat bis zur Grenze,
vorbei an patagonischem Regenwald, kristallklaren Seen, schnee-
bedeckten Bergen. Mein Mann pfeift entspannt vor sich hin, die
Kinder schlafen. Ich sehe mich vor meinen geistigen Augen in einer
chilenischen Gefängniszelle. Arretiert als Schmugglerin. Aber alles
geht glatt. »Haben Sie außer Babynahrung Lebensmittel dabei?«,
fragt die nette Zöllnerin, ohne dass wir etwas gesagt haben. Wir
bekommen Stempel in die Pässe gedrückt. Ich atme auf.

Unser Fahrer lässt uns am See Pirehueico heraus, wo uns eine
Fähre zu unserem Zielort bringen soll. Als vorausschauende
deutsche Bürgerin hatte ich frühzeitig die Schiffsgesellschaft ange-

schrieben, um Tickets zu reservieren. Keiner hatte mir geantwortet. Auch jetzt will niemand ein Ticket sehen. Stattdessen setzt der Kapitän meine Tochter ans Steuer. Sie ist begeistert – und bleibt anderthalb Stunden dort sitzen. Umringt von der Schiffscrew, die ihr über das blonde Haar streichelt.

»Siehst du«, sagt mein Mann, als wir unser Ziel erreichen. »Hat doch alles gut geklappt. Du machst dir zu viele Sorgen.«

Er hat recht. Knapp zwei Monate sind wir bereits unterwegs.

Doch leider fehlt es mir immer noch an südamerikanischer Gelassenheit. Die versuche ich mir in Neltume anzueignen, einem Dorf gleich hinter der chilenischen Grenze. In einem Restaurant. Oder besser gesagt: In einem Raum mit Tischen und Stühlen, wo es etwas zu essen geben soll.

»Was wollen Sie denn speisen?«, fragt die Kellnerin.

»Was gibt es denn?«, frage ich zurück und schaue mich um. Wir sind die einzigen Gäste. Dafür schauen uns drei Köchinnen hinter dem Tresen erwartungsfroh an.

»Was wollen Sie denn?«, fragt sie wieder.

»Was haben Sie denn?«, entgegne ich erneut.

»Ich glaube, wir haben Fleisch«, sagt die Kellnerin. »Aber ich weiß nicht, was ich dazu machen könnte.«

Ich blicke irritiert, aber, so hoffe ich zumindest, südamerikanisch gelassen.

Auch die Kellnerin schaut etwas verwirrt drein. »Sie sind doch der Gast, Sie müssen doch wissen, was Sie essen möchten.«

Schließlich bestelle ich Kartoffeln, Kürbis, Karotten. Fein püriert. Neuen Brei für das Baby. Und Nudeln – für das Kind.

Neltume ist ein kleiner Ort am Rande des Naturschutzreservats Huilo Huilo, rund 850 Kilometer südlich von Santiago. Außer Cafés, in denen die Gäste bestimmen, was auf der Speisekarte stehen könnte, gibt es eine kleine Bäckerei, in der es nur eine Sorte Brötchen gibt, und eine Garage mit der Aufschrift »Fitnessstudio«, weil innen ein Laufband und ein Fitnessrad stehen. Außerdem ein Spielplatz mit verrosteten Klettergerüsten, auf die wir unser Kind lieber nicht loslassen. Auch unser Hotel ist eher unkonventionell. Allerdings in einem ganz anderen Sinne. Es ist nicht gerade die Art von Unterkunft, in der wir normalerweise nächtigen, denn das würde unser Budget sprengen. Wir schlafen in einer luxuriösen Ökolodge, einer Art Baumhaushotel.

Eine Reise, wie wir sie unternehmen, kostet eine Stange Geld. Um sie zu finanzieren, versuchen wir natürlich weitestgehend Geld zu sparen, etwa indem wir mit öffentlichen Verkehrsmitteln statt mit einem Mietwagen fahren, aber auch dadurch, dass ich von Zeit zu Zeit arbeite. Ich bin Journalistin. Was das angeht, ein praktischer Job, denn ich kann während der Reise Artikel schreiben. Während der Reise und über die Reise, um genau zu sein. Das Bioreservat Huilo Huilo, das wir hier besuchen, wurde gerade in Deutschland mit einem Umweltpreis ausgezeichnet, darüber darf ich berichten – und bekomme die Übernachtung bezahlt.

Im Foyer des Hauses wuchert eine Eiche, um die sich die Hotelgänge schneckenförmig nach oben schrauben. Das Nachbargebäude ist ein künstlicher Berg, von dessen grün bewachsenen Außenmauern ein Wasserfall hinunterplätschert. Es gibt einen kleinen Holzbungalow-Park mit Hütten, die sich auf hölzernen Stelzen den Baumkronen entgegenstrecken. Und statt des gemähten Rasens und der Blumenbeete, die sonst Hotels umringen, hat man den Wald rings um die Häuser einfach stehen lassen. Trotz seiner Schönheit scheint Huilo Huilo bislang noch eine Art Geheimtipp für Touristen zu sein.

Begeistert schauen mein Mann und ich aus dem Fenster unseres Hotelzimmers. Im Osten liegt der tiefblaue See Pirehueico unmittelbar am Fuß der Andenkordillere. Im Westen erhebt sich der schneebedeckte Vulkan Mocho-Choshuenco. Dazwischen breiten sich Araukarienwälder aus, durch die – laut Reiseführer – seltene Andenhirsche, sogenannte Huemule, und Pumas streifen. Es gibt Wasserfälle und Wildblumenwiesen, heiße Thermalquellen und Wanderpfade, die durch das Dickicht führen.

Den Kindern ist die Aussicht schnurz.

Das Baby rupft am Teppich des Hotelzimmers und versucht, sich aufzurichten. Das Kind freut sich über einen Kinderbademantel, der im Bad hängt, und möchte zum Schwimmbad. Mein Mann und ich nehmen es mit südamerikanischer Gelassenheit. Wir bleiben vier Tage. Genug Zeit, um alle Teppichfransen zu erkunden, um ausgiebig den Kinderbademantel zu tragen und um durch die Natur zu streifen.

Als wir wieder aufbrechen müssen, bringt uns ein Shuttleservice des Hotels in die nächstgelegene Stadt. Öffentliche Verkehrsmittel gibt es im grünen Paradies nicht.

Weben, tanzen, Feuer schüren:
Zu Gast bei den Mapuche in Chile

Oder: Was bringt die Reise eigentlich den Kindern?

»Internet?«, die Frau schüttelt den Kopf. »Nein, das gibt es hier leider nicht.«

»Ob du das überlebst?«, lästert mein Mann.

Eine Woche ohne Internet? Den Kindern ist das völlig egal. Meinem Mann auch. Und mir? Mmh. Es gibt Leute, die sind drogensüchtig, alkoholabhängig oder Kettenraucher. Ich bin leider ein Internetjunkie. Sagt mein Mann zumindest. Ich möchte regelmäßig meine E-Mails lesen, skypen, meine Arbeit erledigen, bloggen, meine Zeit in sozialen Netzwerken vertrödeln. Geht leider alles nur mit Internet.

»Kein Internet wird dir guttun«, meint mein Mann, der der festen Überzeugung ist, dass ich mich im Urlaub nicht richtig entspanne, weil ich meine, selbst hier in Zentralchile, am anderen Ende der Welt, ständig erreichbar sein zu müssen. Vielleicht hat er recht. Also lasse ich mich gezwungenermaßen versuchsweise auf die Internetabstinenz ein. Ein Lernprozess. Aber ich bin nicht die Einzige, die etwas lernt.

Wer anderen davon berichtet, dass er eine lange Reise mit Kindern antritt, womöglich in ein fernes Land, bekommt schnell hinter mehr oder weniger vorgehaltener Hand zu hören: Kleine Kinder haben von so einer Reise ja gar nichts. Die behalten doch eh nichts davon. Und Eltern haben bei Fernreisen mit Kindern auch nur Stress.

Man könnte diesen Leuten entgegnen, dass Kinder auch nichts

davon haben, zu Hause dabei zuzuschauen, wenn Mama staubsaugt und Papa den Abwasch erledigt. Wenn sie Großtante Margret besuchen müssen und dabei die ganze Zeit still am Kaffeetisch sitzen sollen. Und ihnen zudem sagen, dass der Alltag zwischen Kita, Kindergarten, Job und Haushalt mit Zeitdruck und Terminstress für alle Beteiligten wesentlich stressiger ist, als eine ruhig angegangene Weltreise ohne Verpflichtungen und Terminkalender. Man kann allen Zweiflern aber auch einen Mapuche-Homestay ans Herz legen. Warum? Weil ein derartiger Aufenthalt zeigt, wie viel die ganze Familie von einer besonderen Reise mitnehmen kann.

Ein Lehrstück in fünf Lektionen:

Lektion 1: Völkerkunde hautnah

»Wohnen hier die Indianer?«, fragt unsere Tochter, als wir am Lago Budi ankommen, einem Brackwassersee, der vor der chilenischen Pazifikküste durch eine hügelige Landschaft mäandert.

Ich nicke. Wir haben in Argentinien die südamerikanischen Cowboys, die Gauchos, kennengelernt. Nun besuchen wir die Mapuche, ein indigenes Volk, das rund um den chilenischen Budi-See siedelt. Über einen in Chile ansässigen, deutschen Reiseveranstalter namens Andes Nativa haben wir einen sogenannten Homestay gebucht, das heißt, wir leben eine knappe Woche bei einer Mapuche-Familie, die uns an ihrer Kultur und an ihren Bräuchen teilhaben lässt.

Die Region um den Lago Budi wurde in den Sechzigerjahren von einem Erdbeben und einem katastrophalen Tsunami geformt, die den See auf das Dreifache seiner ursprünglichen Größe haben anwachsen lassen. Heute präsentiert sich die Landschaft im Bilderbuchstil: Sanfte Hügel, grün bewachsen, dazu der im tiefsten Blau glitzernde See, umrahmt von duftenden Eukalyptusbäumen und ein paar vereinzelten Häuschen. Am Ufer streunen frei herumlaufende Hühner, Gänse, Schafe und Schweine umher, die mit regem Interesse vom Baby beobachtet werden.

Mittendrin steht eine rundliche Frau, Mitte 50, und winkt uns zu: Doña Rosa, unsere Gastgeberin. Neugierig schaut das Kind zu ihr hinüber. Doña Rosa sieht – nun ja – etwas anders aus als wir. Ihre schmalen, braunen Augen hat sie schwarz umrandet, das dunkle Haar ist zu einem Knoten zurückgebunden und mit bunten Bändern geschmückt, wie es bei den Mapuche-Frauen üblich ist. Wenn sie sich bewegt, klimpern ihre langen Ohrringe und ihr *trapelakucha* – eine Mischung aus Brosche und Kette, die vom Kragen bis zur Hüfte herabhängt. Dazu schwingt ihr ein bunt geblümter Rock im Takt ihrer Schritte um die Beine.

Sie begrüßt meinen Mann und mich, dann streckt sie die Arme aus, um das Baby auf den Arm zu nehmen und das Kind, das derartige Aktionen nach zwei Monaten in Lateinamerika bereits gewöhnt ist, an sich zu drücken.

»Schön!«, sagt unsere Tochter und begutachtet die bunten Bänder und das mit Münzen behängte Stirnband, die das Haupt von Doña Rosa zieren. *Trarilonko* heißt der traditionelle Kopfschmuck der Mapuche-Frauen, den Doña Rosa sofort abnimmt, um ihn dem Kind aufs Haar zu setzen.

»Schön«, sagt auch Doña Rosa und streichelt unserer Tochter über den blonden Schopf.

Das Baby nestelt indes am Halsschmuck unserer Gastgeberin herum und versucht, sich die daran hängenden, silbrigen Bommel in den Mund zu stopfen. Auch Doña Rosas Mann, Don Luis, ihre zwei erwachsenen Töchter und ihr Sohn, ein 24-jähriger junger Mann mit ernstem Blick und scheuem Lächeln, umringen unsere Kinder sofort.

Das Kind nimmt die Hand von Doña Rosas Tochter Ysabel,

das Baby juchzt, als Don Luis es kitzelt. Mein Mann und ich sind abgeschrieben.

»Ah«, sage ich, »das werden bestimmt ein paar sehr entspannte Tage.«

Lektion 2: Ruka, Lafkenche, Lonko – ein bisschen Geschichte und Alltagskultur

Auf dem Grundstück von Doña Rosa und Don Luis, das sich auf einer Anhöhe über dem See erstreckt, ducken sich zwei merkwürdig aussehende Gebäude, die an große, längliche Strohhaufen erinnern. Quietschend öffnet mein Mann die Holztür an der Stirnseite des größeren Strohhaufen-Gebäudes und wuchtet unser Gepäck hinein. Zu unserem Mapuche-Homestay gehört, dass wir in einer Ruka übernachten, einer traditionellen Unterkunft. Statt auf Parkettboden, PVC oder Teppich läuft man auf Lehm, statt einer Heizung flackert in der Mitte der Ruka ein Feuer. Die fensterlosen Wände sind aus Holz und Schilf, und nur durch ein Loch in der Decke, durch das der Rauch abzieht, dringt etwas Tageslicht herein. Auf dem blanken Erdboden stehen ein Schrankbuffet, Tisch und Stühle, sauber bezogene Betten.

Schnell lodern die Flammen auf und werfen einen rötlichen Schein auf Doña Rosas rundes Gesicht. Rogelio, ihr Sohn, wippt das Baby auf seinem Schoß, Ysabel zeigt der Großen, wie man in der heißen Asche etwas abseits des Feuers flache, brotähnliche Fladen backen kann.

»So haben die Menschen früher gekocht, und wie du siehst, machen es manche auch noch heute«, erkläre ich unserer Tochter.

»Ysabel ist meine Freundin«, sagt sie, als hätte ich nicht mit ihr, sondern mit der Wand gesprochen. Dann tunkt sie ihre Hände in den Teig und lacht.

Das Baby ist auf dem Arm seines neuen Freundes eingeschlafen. Unterdessen erzählt uns Doña Rosa von ihrem Leben und dem indigenen Volk der Mapuche, das in Argentinien und Chile lebt. Es gibt, erklärt sie uns, sechs verschiedene Gruppierungen, darunter

die Picunche, also das Volk des Nordens, ferner die Mapuche des Südens, die Berg-Mapuche und die Küsten-Mapuche, Lafkenche genannt, zu denen auch sie und ihre Familie gehören.

Nicht jeden Tag legt sie ihre Tracht und den silbernen Schmuck an, den ihre Tochter Ysabel selber anfertigt. Lange Zeit trug sie ihn gar nicht, in ihrer Kindheit etwa, als sie von den Lehrern geschlagen wurde, wenn sie statt Spanisch ein paar Worte in ihrer Muttersprache Mapudungun sprach. Zu der Zeit, als Pinochet diktatorisch das Land regierte und behauptete, dass es nur Chilenen, keine Ureinwohner, gäbe. Oder später, als sie als junges Mädchen als Haushälterin in der Hauptstadt Santiago arbeitete, wo die Menschen verächtlich auf sie herabschauten.

»Schwere Tage«, sagt Doña Rosa und seufzt.

Heute zieht sie die Tracht wieder oft an. An Feiertagen und an den Tagen, wenn sie Gäste empfängt, wie uns. Vor acht Jahren kam der Lonko der Gemeinde, der Dorfälteste, auf sie zu und fragte, ob ihre Familie nicht Touristen bei sich zu Hause empfangen wolle. Doña Rosa und ihr Mann Luis mussten nicht lange überlegen. Lange hatten sie versucht, davon zu leben, was die Felder und der See hergaben. Doch das Saatgut wurde immer teurer, die zwei Hektar Land warfen nicht genug ab, Stürme, Dürre, Regenfälle machten die Ernte zunichte. Also ist sie nun Gastgeberin. »Das Einkommen«, sagt sie zufrieden, »reicht, um die Familie gut zu versorgen. Und ich bekomme gerne Besuch.«

Doña Rosa ist keine typische Gastgeberin. Sie ist eher eine Gastmutter. Das, was sie tut, wirkt nicht folkloristisch und für Touristen aufgesetzt. Die Tracht anzulegen, mit den Gästen Brotfladen zu backen, abends zusammen mit ihnen am Feuer zu sitzen, erscheint ihr etwas völlig Natürliches. Und uns auch. Nur in der Ruka, das gibt sie zu, hat sie selber zuletzt als junges Mädchen genächtigt. Stattdessen ziehen sie und ihre Familie sich am Abend in ein kleines Häuschen hügelaufwärts zurück, während wir uns in die Betten an der Stirnseite der Ruka kuscheln.

Lektion 3: Medizin und Handarbeit

Am nächsten Tag ist das Baby weinerlich. Verdächtig oft fasst es sich an den Mund, kaut auf allem rum, was es in die Finger bekommt, und hat überdies einen wunden Popo.

»Es zahnt«, mutmaßen Doña Rosa und ich.

»Ich habe Bauchschmerzen«, wirft das sehr munter wirkende Kind ein. Eine Beobachtung, die wir schon öfter gemacht haben. Wenn wir diskutieren, ob dem Baby irgendwas weh tut, will seine Schwester dem in nichts nachstehen.

Also folgen wir Doña Rosa zum Haus einer Nachbarin, die einen großen Kräutergarten hat. »Leider«, erzählt sie uns auf dem Weg, »haben wir hier im Dorf keine Machi mehr.«

Eine Machi ist so etwas wie eine Medizinfrau, eine Heilerin. Sie untersucht ihre Patienten immer ganzheitlich: Urin und Blut, Kleidung und Aussehen, Haus und Hof. Denn Kopf und Geist, so glauben die Mapuche, müssen immer zusammen betrachtet werden. Oftmals könne eine scheinbare Krankheit äußerliche Ursachen haben, etwa neidische Nachbarn, die den Patienten krank gemacht haben. Kurz überlege ich, ob unsere Nachbarn in Hamburg Auswirkungen auf unsere Gesundheit haben, dann lausche ich wieder den Worten unserer Gastgeberin.

Machi, so erfahren wir, kann man nicht einfach so werden, wie etwa in Deutschland Arzt, indem man Medizin studiert. Man kann nicht bei einer praktizierenden Machi in die Lehre gehen. Machi zu sein, betont Doña Rosa energisch, sei eine Berufung. Man werde erwählt durch eine göttliche Begegnung in Form von wiederkehrenden Träumen.

In Llaguepulli, dem Dorf, in dem Doña Rosa und ihre Familie leben, wurde es keiner Frau prophezeit, Machi zu werden. Und auch keinem Mann, was aber sowieso nur in seltenen Fällen vorkommt. Ein Mittel gegen Zahn- und (angebliche) Bauchschmerzen gibt es natürlich dennoch. Doña Rosa schreitet durch den Garten, rupft ein paar Kräuter, hält sie mir zum Riechen unter die Nase. Einige erkenne ich aus Deutschland, wo sie ebenfalls als Hausmittel bekannt sind: Pfefferminze oder Rosmarin. Andere sagen mir nichts. Was aufgrund meines mangelnden botanischen Wissens aber nichts weiter zu bedeuten hat.

Deshalb nimmt Doña Rosa die Sache in die Hand. Die Kinder bekommen eine Tasse und ein Fläschchen mit Kräutertee, dann eilt sie mit uns im Schlepptau zurück auf ihr Grundstück, um für Abwechslung zu sorgen. Was bei kränklichen Kinder bekanntlich genauso gut helfen kann wie Medizin. Sie führt uns zu einer zweiten Ruka, die ein paar Meter neben unserer Schlafstätte steht, öffnet die Tür und gibt den Blick auf ein halbes Dutzend Körbe voller Wolle frei. Keine Wollknäuel, wie man sie in Handarbeitsläden

kaufen kann, sondern riesige Büschel frisch geschorener Wolle, die Doña Rosa und ihre Töchter selber spinnen, färben und auf einem Webstuhl, der an der Längsseite der Ruka steht, weiterverarbeiten.

Begeistert tauchen unsere Kinder ihre Hände in die weichen,

grauen Knäuel. Wir zupfen die Wolle auseinander, schauen zu, wie das Spinnrad surrt, lassen uns erklären, welche Moose und Blätter, Blüten und Rinden sich zum Färben der Wolle eignen. Dann setzt sich Nadia, Doña Rosas Tochter, an den Webstuhl und beginnt, gemeinsam mit dem Kind, ein Band zu weben, das man als Gürtel oder Stirnband benutzen kann. Währenddessen tritt Doña Rosa an das Baby und mich heran. Sie greift in einen Korb Wolle und zupft ein kleines Knäuel heraus. »Leg das in die Windel des Babys«, sagt sie und drückt mir ein weiches, sich fettig anfühlendes Wollknäuel in die Hand.

»Heilwolle«, sagt mein Mann wissend.

Zu Hause gibt es Heilwolle säuberlich gewaschen und in kleine Plastiktütchen verpackt zu kaufen. In Apotheken, zu exorbitanten Preisen. Wurde mir auch von meiner Hebamme empfohlen und hilft tatsächlich gegen wunde Babypopos. Vorsichtig drapieren wir die Heilwolle auf die gerötete Haut und legen eine frische Windel an. Das Baby gibt zufriedene Gluckstöne von sich. Kräutertee und Wolle scheinen zu helfen. Rasch greife ich ebenfalls in den Korb, um uns etwas Popo-Proviant zuzulegen, und lehne mich zurück.

Das Baby nuckelt an seinem Schnuller, das Kind webt mit Feuereifer.

»Schade«, sage ich zu meinem Mann, »dass wir zu Hause keine Mapuche-Nachbarn haben. Das Leben könnte so entspannend sein.«

Lektion 4: Landeskunde, Tierkunde, Gesellschaftskunde

»Lasst uns einen Ausflug machen«, schlägt Doña Rosa am nächsten Morgen vor und schaut erwartungsvoll auf unser Auto. Sie und ihre Familie besitzen keinen Wagen, deshalb sind gemeinsame Ausflüge für beide Seiten ein Vorteil. Doña Rosa kann Verwandte besuchen, die am anderen Ende des Sees leben, und wir haben eine kompetente Führerin. Oder vielmehr drei: Rogelio, ihr Sohn und neuer bester Freund unserer Kinder, begleitet uns. Und Juan Pablo, der Fahrer des Wagens, den uns der deutsche Reiseanbieter vermittelt hat – die einzige Möglichkeit, sich in einer entlegenen Region ohne Mietwagenangebote fortzubewegen.

Drei Stationen stehen bei unserem Ausflug auf dem Programm:

- Ein Abstecher zum Pazifik – auf den sich Doña Rosa besonders freut, da sie ohne eigenen Wagen das Meer nur selten zu Gesicht bekommt. Und unsere Kinder, da es dort Strand und Muscheln gibt.
- Eine Fahrt auf die vogelreiche Seeinsel Llepu – auf die sich Juan Pablo freut, der nicht nur Fahrer und Fremdenführer, sondern auch ein großer Hobbyornithologe ist. Und unsere Kinder, weil wir mit einem Boot auf die Insel fahren.
- Ein Besuch beim Lonko, dem Dorfältesten – auf den sich Rogelio besonders freut, weil er uns gemeinsam mit seinen Freunden im Gemeindesaal – oder vielmehr: in der Gemeinderuka – ein paar traditionelle Tänze vorführen möchte. Und unsere Kinder, weil Musik und Tanz immer Spaß machen.

Auch mein Mann und ich freuen uns auf die Stationen – und lernen einiges über das Leben der Mapuche: Etwa ihre Schöpfungsgeschichte, die vom Kampf der gutmütigen Erdschlange Tren Tren mit der bösartigen Seeschlange Kai Kai erzählt. Ein Kampf, der sich um die Anhöhe Cerro Tren Tren zugetragen haben soll, den wir auf unserem Weg zum Pazifik passieren.

Außerdem erfahren wir die Namen unzähliger Vogelarten, die rund um die Insel Llepu rasten und nisten: Etwa Schwarzhalsschwäne und Bronzekiebitze, Falken und Schwarzzügelibisse,

Truthahngeier und Smaragdsittiche, die uns Juan Pablo alle in fehlerfreiem Deutsch aufzählt, mit dem bescheidenen Zusatz, er habe unsere Sprache »ein wenig« in der Schule gelernt.

Und schließlich hören und sehen wir die Lieder und Tänze der Mapuche, die von ihrem Leben erzählen, ihren Festen, den Jahreszeiten und Naturkräften. Wir erfahren, dass das wichtigste Instrument *kultrun* heißt, eine Art Trommel aus Ziegenleder. Und dass der Eingang einer Ruka stets gen Osten, Richtung aufgehende Sonne, zeigt, wie uns der Lonko bei unserer Zusammenkunft belehrt.

Am Abend lassen mein Mann und ich den Tag noch einmal Revue passieren. Es ist die letzte Nacht, die wir in unseren Ruka-Betten verbringen mit dem Blick auf das flackernde Lagerfeuer. Wir haben den Eindruck, dass der Tag allen gefallen hat, Gästen und Gastgebern. Dass er aus Geben und Nehmen bestand. Dass das Kind stets mit einbezogen war, aufgefordert wurde mitzumachen, von niemandem gerügt wurde, wenn es mal laut oder zappelig war. Und dass das Baby wie ein Familienmitglied der Mapuche behandelt wurde. Ständig stand jemand bereit, um es im Arm zu tragen, mit ihm zu spielen, es zu füttern.

»Schade«, sage ich zu meinem Mann, »dass unsere Gastfamilie nicht mit uns zusammen weiterreisen kann.«

Lektion 5: Gastfreundschaft

Nach einer knappen Woche verlassen wir unsere Gastgeber wieder. Unsere Kleidung riecht nach Rauch vom Feuer der Ruka, der Sack mit der Schmutzwäsche ist bis obenhin gefüllt. In der Tasche klimpern Gläser voller Mangold-Kartoffel-Brei, geerntet in Doña Rosas Garten, zu Brei gekocht in ihrer Küche. Die Kinder tragen stolz die Bänder um den Kopf, die Doña Rosas Tochter Nadia mit unserer Tochter gewebt hat. In meinem Gepäck habe ich die drei Mapuche-Kettenanhänger verstaut, die ihre Schwester Ysabel für die Mädchen und mich angefertigt hat. Und in unseren Köpfen steckt viel Neues. Denn gelernt haben wir viel.

Was ein Lonko und eine Machi sind (Dorfältester und Medizinfrau). Wie man Feuer anfacht und rundherum tanzt. Wie man Wolle spinnt und webt. Und dass es tatsächlich möglich ist, eine Woche ohne Internet zu überleben.

Vor allem aber haben wir etwas gelernt, das wir hoffentlich mitnehmen. Für den Rest der Reise und nach Hause. Etwas, das uns die Mapuche vorgelebt haben: Gastfreundschaft und Gelassenheit.

Das nächste Mal, wenn mir jemand sagt, dass das Reisen mit Kindern für die Eltern stressig sei und den Kindern nichts bringe, werde ich demjenigen mit genau dieser Gelassenheit in der Stimme raten: »Macht doch einfach mal einen Mapuche-Homestay!«

Verloren, beraubt, beklaut

Oder: Wie geht man mit unvorhersehbaren Situationen um?

Wer Kinder hat, kennt das Problem: Ständig kommt etwas weg. Besonders beliebt: Haarspangen, einzelne Socken, Handschuhe. Mit Kindern Dinge zu verlieren, gehört einfach zum Leben dazu. Und auch zum Reisen.

Gleich zu Beginn unserer Reise glaubten wir, den ersten und wahrscheinlich schlimmsten Verlust erlitten zu haben.

»Wo ist Teddy?«, schrie das Kind plötzlich, als wir in Hamburg aus dem Flughafenbus ausstiegen und uns zum Terminal begeben wollten. »Mist!«, sagte ich zu meinem Mann. »Wir haben Teddy wohl beim Einsteigen an der Bushaltestelle liegenlassen.« Tränen liefen über Kinderwangen. Während mein Mann beruhigend auf unsere Tochter einredete, surfte ich mit dem Handy im Internet. »Da«, informierte ich meine Familie, »hier ist die Telefonnummer von dem Supermarkt, der gleich neben der Bushaltestelle liegt.«

Ich wählte. Ein freundlicher Verkäufer nahm ab – und verstand den Ernst der Situation sofort. Er lief nach draußen und schaute an der Bushaltestelle nach, ob dort ein Teddy läge. Dann kehrte er ans Telefon zurück.

Mein Kind sah es meinem Gesicht sofort an. »Leider nicht«, teilte ich ihm mit. Gerade, als es in erneutes Schluchzen ausbrechen wollte, gab mein Mann Entwarnung. Teddy hatte sich in einer Plastiktüte, die am Kinderwagen hing, versteckt.

»Teddy«, schimpfte mein Kind und nahm sich das Plüschtier zur Brust, »du darfst mich nie wieder so erschrecken!«

»Gott sei Dank«, raunte ich meinem Mann zu, »das wäre sonst nicht lustig geworden.«

Das nächste Erlebnis dieser Art hatten wir in Buenos Aires: Abends, als wir nach einem langen Tag in der Innenstadt in unsere Ferienwohnung zurückkehrten, stellte mein Mann fest, dass ihm die hinteren Taschen seiner Hose aufgeschnitten worden waren. Dort, wo viele Männer ihr Portemonnaie hinstecken. Mein Mann hatte unterwegs nichts davon bemerkt. Aber er trägt sein Geld woanders. »Zum Glück«, kommentierte er und staunte, wie unbemerkt und ordentlich der erfolglose Taschendieb den Saum seiner Hosentaschen aufgetrennt hatte.

Nur einen Tag später, wir liefen gerade durch eine volle Einkaufsstraße, bemerkte ich, dass mein Rucksack offen stand. Darin: Unsere neue, nicht gerade günstige Kamera. Der Reißverschluss des Rucksacks klaffte auf, der Riemen der Kamera hing schon halb draußen. Aber sie war noch da. Wahrscheinlich war der Taschendieb unterbrochen worden. »Puuuh«, schnaubte ich, »das ging gerade noch mal gut.«

Einen Monat später begegneten wir einem Räuber, der nicht lange fackelte. Glücklicherweise war es ein Räuber im Miniformat: Ein Kind auf dem Spielplatz riss dem Baby den Schnuller aus dem Mund und lief davon. Relativ rasch machte die Räuber-Mutter den Täter dingfest und gab uns die Beute zurück, ehe wir die Polizei einschalten mussten.

Und auch ein Einbruch während unseres Mapuche-Homestays ging ohne Polizeieinsatz vonstatten. Während unseres Drei-Stationen-Ausflugs war ein Hund in unsere Ruka eingedrungen und hat sich über unser Essen hergemacht. Als wir zurückkamen, sahen wir nur noch zerfetzte Tüten und eine durchwühlte Tasche.

»Ist nicht schlimm, oder, Mama?«, wollte das Kind wissen.

»Nein«, bestätigte ich ihm. »Ist nicht schlimm.«

Außer sämtlichen Nahrungsmitteln, die zugänglich waren, also altes Brot und ein bisschen Obst, erlitten wir keine Verluste.

Aber dann hat unsere Glückssträhne leider ein Ende. Gemeinsam mit Juan Pablo und Rogelio, der Verwandte besuchen will, fahren wir nach Temuco, der nächsten größeren Stadt. Dort wollen wir den Nachtbus nach Santiago nehmen. Unterwegs machen wir eine kurze Rast. Alle verlassen das Auto, vertreten sich die Beine, gehen auf Toilette. Wir wickeln das Baby. Dann geht es weiter zum Busbahnhof.

»Mmh«, brummt Juan Pablo als wir am Bahnhof ankommen und fummelt am Schloss seines Kofferraums rum. »Das ist ja merkwürdig, das Schloss ist kaputt.« Mit einigem Ruckeln gelingt es ihm schließlich, die Klappe zu öffnen. Er holt eine Tasche nach der anderen heraus und verteilt sie an uns. »Mein Rucksack fehlt«, bemerkt Rogelio. »Oh«, merke ich an. »Unser großer blauer Rucksack fehlt auch.« Dazu die Lederjacke von Juan Pablo. Ratlos blicken wir in den leeren Kofferraum. Dann ahnen wir allmählich, was passiert sein muss. Während der Toilettenpause hat ein Dieb das Auto aufgeknackt – und wohl so viel mitgenommen, wie er tragen konnte. Das, was oben lag.

»In dem Rucksack waren unsere Papiere«, ruft mein Mann entsetzt.

Ich rase gemeinsam mit Juan Pablo zur Polizei und mache der Polizistin klar, dass wir nur 20 Minuten Zeit haben, um den Diebstahl zu melden. Dann müsse ich dringend in den Bus steigen, um am nächsten Morgen zur Deutschen Botschaft zu gehen. Denn zwei Tage später wollen wir im Flieger nach Neuseeland sitzen. Wir brauchen neue Pässe. Die Polizistin nimmt die Anzeige entgegen, aber die Papiere, die wir für die Versicherung bräuchten, sagt sie, könne sie erst 24 Stunden später aushändigen. »Zuschicken!«, sage ich und rase zurück. Juan Pablo verspricht mir, sich darum zu kümmern. Ich bin froh, ihn dabeizuhaben und auch selber gut Spanisch sprechen zu können. Die Frage, was wir wohl getan hätten, wenn wir in – sagen wir mal – China oder Russland in eine derartige Situation gekommen wären, schiebe ich lieber beiseite.

Am Busbahnhof winkt mein Mann mir mit der Dokumentenmappe in der Hand entgegen. Zufällig hat er sie ausgerechnet an diesem Tag in den anderen Rucksack gesteckt. Ich atme auf. Wenigstens bleibt uns also der Gang zur Deutschen Botschaft erspart. Mein Mann hat außerdem den Rest des Gepäcks durchwühlt, um festzustellen, was alles abhandengekommen ist. Leider, so sein erstes Resümee, hat es die Kinder am schlimmsten erwischt. Von unserer Älteren fehlen alle Anziehsachen, außer denen, die sie am Leib trägt. Das Baby hat den Verlust seines Reisebettchens, seiner Schlafsäcke und vieler Anziehsachen zu beklagen.

»Die Weihnachtsgeschenke«, flüstere ich meinem Mann ins Ohr, um unsere aufgelöste Tochter nicht noch mehr zu beunruhigen. »Das Schmetterlingskleid.« Das Baby nimmt die Verluste mit Gleichmut hin. Teddy ist zum Glück noch da, zwei andere Lieblingskuscheltiere fehlen, aber das bringen wir unserer Tochter erst später schonend bei. Was der Dieb nicht erwischt hat, aber bestimmt gerne gehabt hätte: Bargeld, Computer, Kamera. Was er stattdessen erwischt hat: einen Haufen Windeln, Dreckwäsche, Mücken-, Sonnen- und Regenschutz des Kinderwagens. Dazu das Pop-up-Reisebettchen des Babys, das er ohne die Gebrauchsanweisung garantiert nicht einmal aufbauen kann. Ich glaube, er hat keinen guten Fang gemacht. Aber uns viel Ärger beschert.

»Tja«, sage ich zu meinem Mann, »dann müssen wir in Santiago und Auckland wohl shoppen gehen.« Mein Mann stöhnt.

Zum Glück bekommen wir nach der Nachtfahrt im Überlandbus am nächsten Morgen in Santiago Unterstützung – von einer anderen Familie. Schon vor dem Kofferverlust und der internetfreien Zeit am Lago Budi hatten wir uns eine Privatunterkunft in Santiago besorgt. Über ein Netzwerk im Internet, bei dem Familien anderen Familien kostenlose Unterkunft anbieten. Ein Segen! Maria del Pilar und ihr Mann, unsere Gastgeber in Santiago, haben selber fünf Kinder – und ein großes Haus. Um genauer zu sein, eine Villa in einem Stadtteil, in dem eher die gehobene Klasse Santiagos wohnt. Ein wenig komme ich mir vor wie Familie Flodders, jene sozial schwache, in allerlei kleinkriminelle Handlungen verstrickte »Assi«-Fernsehfamilie, die durch einen Fehler der Stadtverwaltung in einem Nobelviertel angesiedelt wird. Denn:

- Wir kommen von der Nachtfahrt erschöpft an, bepackt mit Rucksäcken, die im Laufe der Reise durch Pfützen, Staub und Straßendreck ein unverwechselbares Flecken-Muster bekommen haben.
- Sämtliche unserer Anziehsachen und wahrscheinlich auch wir selbst stinken nach Rauch, vom Feuer in der Ruka, das Tag und Nacht flackerte. Fehlt eigentlich nur noch Ruß in Gesicht und an den Händen.
- Unsere Kinder besitzen nur die dreckigen Anziehsachen, die sie am Leibe tragen, da alle anderen Sachen in dem gestohlenen Rucksack waren.

»Kein Problem«, sagt Maria del Pilar und lacht. »Duscht erst mal in Ruhe, dann gehen wir einkaufen.«

In den Flodders-Fernsehfilmen, die ich selber nur vom Hörensagen kenne, hätte sie die Rolle der gut betuchten, fantastisch aussehenden und trotzdem sozialen und hilfsbereiten Retterin inne.

Bei einem Kaffee erzählt sie uns von ihrem Leben. In einer Nachbarschaft, in der die anderen Damen »Societyladys« seien und den Tag im Spa oder Gym verbrächten, sei sie die Einzige, die sich selber um ihre Kinder kümmere und sie nicht rund um die Uhr in der Obhut von Nannys und Haushälterinnen lasse. Und wahrscheinlich ist sie auch die einzige Chilenin, die in den Neunzigerjahren alleine monatelang mit einem Rucksack durch Osteuropa gezogen ist. Heute bestehe ihr Mann, der Chefanwalt einer großen, internationalen Firma ist, auf standesgemäßen Urlaub in luxuriösen Hotels. »Dabei«, sagt sie, »würde ich viel lieber in irgendeiner einfachen Herberge absteigen und andere Reisende kennenlernen.« Genau deshalb holt sich Maria del Pilar von Zeit zu Zeit Leute wie uns ins Haus. »Um wieder einen Hauch von Abenteuer zu spüren.«

Als wir ihr von unserer Reise und dem Gepäckdiebstahl erzählen, winkt sie ab. »Das bekommen wir schon wieder hin«, sagt sie. Das Baby bekommt einen ausrangierten Schlafsack geschenkt. Wir dürfen unsere Kleidung durch die Waschmaschine jagen und in der Küche Brei kochen, während das Kind mit den Töchtern unserer Gastgeberin spielt. Anschließend chauffiert uns Maria del Pilar zum Einkaufszentrum. »No, no«, wiegelt sie jedes Mal ab, wenn ich mich entschuldige, dass wir so viele Umstände bereiten, oder frage, wie wir uns revanchieren können. »Es ist ein Vergnügen, euch hier zu haben.«

Weniger vergnüglich sind unsere Aktivitäten in Santiago. Statt Parks, Strände oder Sehenswürdigkeiten sehen wir nur Boutiquen, Schuhgeschäfte und Outdoorausstatter. Stundenlang geht es von Shoppingmall zu Shoppingmall, von Laden zu Laden, um unsere verlorenen Sachen zu ersetzen. Normalerweise gehe ich gerne einkaufen. Aber nicht unter Druck (die Kinder von Kopf bis Knöchel neu einzukleiden), mit einem schlecht gelaunten Mann (Verlust: Unterwäsche, Badesachen) und zwei nörgelnden Kindern im Schlepptau.

Mein Mann bändigt die Kinder, die die Läden auf den Kopf stellen wollen, ich renne von Regal zu Regal und von Kleiderständer zu Kleiderständer. Als wir zumindest die nötigsten Anziehsachen beisammenhaben, steuere ich einen Schuhladen an. Gequält schaut mich mein Mann an. «Muss das sein?«, fragt er mit einem Tonfall, in dem deutlich Resignation mitschwingt. Ich erwähnte bereits, dass ich Strandtage hasse. Nun, mein Mann hasst Schuhgeschäfte. Die Wahrscheinlichkeit, dass er freiwillig einen Schuhladen betritt, ist in etwa so gering wie – sagen wir, wie auf Anhieb eine zentrale, bezahlbare Wohnung in Hamburg zu finden. Für alle, die nicht in Hamburg leben: Sehr gering.

In dem geklauten Rucksack waren auch Schuhe. Ein Paar von meinem Mann, je ein Paar von den Kindern. Nur ich hatte das Pech, keinen Grund zu haben, mir neue Schuhe kaufen zu dürfen, sondern nur einen überteuerten neuen Reiserucksack.

Mein Mann steuert zielstrebig ein Regal an, zieht ein Paar heraus und sagt: »Das nehme ich.« Erleichtert will er den Rückzug gen Kasse antreten.

»Halt!«, entgegne ich und stelle mich ihm in den Weg. »Die Kinder brauchen auch Schuhe.«

Mein Mann schaut betrübt. »Mitgefangen, mitgehangen!«, erwidere ich und zeige auf das Baby, das es geschafft hat, aus seinem Buggy heraus anderthalb Schuhregale leerzuräumen, während ich nach Babyschläppchen gesucht habe. Dann knöpfe ich mir das Kind vor. Ein schwieriger Fall. Nicht etwa, weil es so wie mein Mann ist, sondern eher wie ich. Meine Tochter liebt Schuhe. Leider vor allem die, die entweder zu teuer, zu eng oder zu auffällig und damit wenig alltagstauglich sind. Gerne auch eine Mischung aus allen drei Eigenschaften. Von Schuhen, die solide, mit Orthopäden-gütesiegel ausgestattet und in unverwüstlicher blauer, grauer oder brauner Farbe sind, hält sie hingegen grundsätzlich nichts.

Südamerikanische Schuhläden kommen ihrem Geschmack sehr

entgegen. Jedenfalls sehe ich nirgendwo Orthopädengütesiegel, wie man sie aus deutschen Kinderschuhläden kennt. Stattdessen fußverkrüppelnde Scheußlichkeiten.

»Die!«, sagt sie und zieht grellpinke Blinkturnschuhe hervor.

»Auf keinen Fall«, erwidere ich.

»Dann die«, sagt sie und zeigt auf weiße Stoffschuhe.

»Ne.« Ich schüttele mit dem Kopf. »Weißt du, wie die nach nur einem Tag aussehen?«

»Dann die, und die, und die«, sagt unsere Tochter und fuchtelt aufgeregt mit dem Finger vor dem Regal hin und her. Ich halte ihr zwei Paare zum Anprobieren vor die Nase. In dunklem Lila, unserem Kompromiss zwischen praktischem Braun-Blau-Grau (in Chile sehr rar) und dem vom Kind gewünschten Rosa-Pink-Glitzer-Weiß. Anschließend wende ich mich wieder meinem Mann zu, der versucht, das brüllende Baby zu beruhigen.

»Die Kleine schreit«, erklärt er mir und zeigt auf eine hochhackige Riemchensandale, »weil ich ihr die da weggenommen habe.«

»Verständlich«, entgegne ich und schaue mir die Schuhe interessiert an, »sie kommt nach mir.«

Bevor die Lage eskaliert, schiebe ich die Familie zur Kasse. Mein Mann bekommt beim Verlassen des Ladens sofort bessere Laune. Das Kind freut sich über die frisch erstandenen Schuhe. Das Baby versucht, in seine neuen Lederschläppchen zu beißen. Nur ich bedauere, dass mir keine Schuhe geklaut worden sind, etwa die alten ausgelatschten Sandalen an meinen Füßen.

Am Nachmittag bleibt dann doch noch etwas Zeit, etwas anderes zu tun, als einzukaufen, Wäsche zu waschen und Brei zu kochen. Wir nutzen die Zeit, um eine alte Freundin zu treffen. Vor fast zehn Jahren, direkt nach meinem Studium, habe ich mal einige Monate in Santiago gelebt. In einer ziemlich trubeligen WG, bestehend aus vierzehn Leuten, einem Hund und einem Vermieter, der – so vermuteten wir – Drogendealer war. Die beiden Gebäude neben unserem Haus waren von partywütigen Studenten besetzt. Das Santiago, das ich damals kennenlernte, unterscheidet sich ziemlich grundlegend von dem, das wir jetzt ausschnittsweise erleben.

Meine Freundin, die in einem beengten Apartment am anderen Ende Santiagos lebt, ist neugierig, von unseren Erlebnissen zu hören. Ich erzähle ihr von dem Gepäckverlust und unserer reizenden Gastgeberin, die uns so sehr unterstützt hat, obwohl sie uns nicht mal kannte. »Ja«, sagt meine Freundin, die ein kleines Reisebüro für Ökotourismus betreibt, »beim Reisen kann immer mal etwas Schlechtes oder etwas Unvorhergesehenes passieren, aber auch immer wieder etwas Gutes, genau dann, wenn man Hilfe braucht.«

Am späten Abend bringt uns Maria del Pilar in ihrem Geländewagen zum Flughafen. Von dort aus will sie weiter auf eine Firmenfeier ihres Mannes. Ein wenig flodderhaft kommen wir uns immer noch vor. Wir tragen unsere groben Wanderschuhe, Jeans, Fleecejacken und die fleckigen Rucksäcke. Am Kinderwagen hängen Plastiktüten, in denen wir Reiseproviant und Wechselwäsche verstaut haben. Immerhin riechen wir nicht mehr nach Rauch.

Maria del Pilar sieht in ihrem sehr schicken, sehr teuer aussehenden Cocktailkleid und ihrem wallenden, gelockten Haar wie eine jüngere Ausgabe von Elle Macpherson aus. Beim Abschied umarmen wir uns. »Ach«, seufzt sie, »wie gerne würde ich mit euch tauschen und jetzt auch losfliegen.« Dann blickt sie sich kurz um, als befürchte sie, von jemanden gesehen zu werden, bückt sich und holt unter ihrem Autositz zwei Dosenbier hervor, die sie mit manikürten Fingernägeln öffnet. Ein letztes Mal stoßen wir an, dann bricht sie zur Anwaltsfeier ihres Mannes auf, während wir uns von Südamerika verabschieden – und Neuseeland entgegenfliegen.

Neuseeländische Couch-
geschichten und eine alte Liebe

Oder: Ein paar Worte zu Unterkünften und Reiserhythmus

Kaum in Neuseeland angekommen habe ich mich verliebt. In eine alte, längst vergessene Liebe: In ein Wohnmobil.

»Und?«, fragte uns ungefähr jeder Zweite, dem wir in Deutschland vor unserem Abflug von unserer geplanten Reise nach Neuseeland berichtet hatten. »Mietet ihr da ein Wohnmobil?«

Ich hatte stets abgewunken. »Ne, glaub ich nicht.«

Ich habe schon einmal im Wohnmobil meine Ferien verbracht – als ich etwa so alt war wie meine große Tochter heute. Normalerweise sind meine Eltern mit mir in den Urlaub geflogen, aber vor meiner Einschulung wollten sie noch einmal einen längeren Urlaub machen. Also sind wir im Wohnvehikel wochenlang durch das damalige Jugoslawien gedüst.

Ich habe tolle Erinnerungen an diesen Urlaub. An Begegnungen mit Schildkröten, an Strandtage, die ich damals anscheinend noch zu schätzen wusste, an das glatte Pflaster der Brücke von Dubrovnik, über das man schlittern konnte. Aber auch an das Wohnmobil. Daran, dass ich nachts in einer Art Hängematte über der Fahrerkabine schlafen durfte und tagsüber auf einem separaten, erhöhten Sitz saß, von dem aus man auf die Dächer der normalen Autos herunterblicken konnte. An den zusammenklappbaren Tisch, auf dem ich malen konnte. An das winzige Einbaubad. An die Campingplätze, die wir anfuhren.

Das ist Jahre her. Ich habe zwischenzeitlich nicht mehr daran gedacht. Wohl aber daran, dass meine Kinder Autofahren nicht leiden können. Das Baby sitzt nicht gerne in der Babyschale, dem Kind wird oft schlecht.

»Nein«, sagte ich deshalb zu meinen Freunden. »Ein Wohnmobil mieten wir bestimmt nicht.«

Nun sitzen wir doch in einem. Und das haben wir – zumindest indirekt – einem Experiment zu verdanken. Dem Experiment, kostenlos, aber dafür mit Familienanschluss zu übernachten.

Eine Weltreise kostet Geld. Größter Kostenpunkt neben den Flügen: die Übernachtungen. Vor der Reise haben wir uns Gedanken darüber gemacht, wie wir diese Kosten im Zaum halten.

»Zelten«, hatte mein Mann vorgeschlagen.

»Au ja«, rief das Kind.

»Ne«, sagte ich. Nicht monatelang. Mit Kind und Baby. Bei Regen und praller Hitze. Mit Schlafsäcken und Isomatten, die wir um den Erdball schleppen müssen.

Also haben wir uns auf eine Mischung geeinigt. Eine Mischung aus Hotel (selten), Jugendherberge (ab und zu), Bed and Breakfast (in Südamerika oft, aber in Neuseeland, so bestätigte mir ein Blick auf die Websites verschiedener Anbieter, scheinbar sehr teuer) und Campingplatz (wo man einfache Hütten mieten kann).

Jede Unterkunft hat etwas für sich. Sie kann luxuriös (Hotel mit Swimmingpool), preiswert (Jugendherberge), ausgefallen (Ruka) oder gut gelegen (Campingplatz) sein. Alternativ wollen wir ausprobieren, ob man als Familie »couchsurfen« kann, denn dabei hat man mit etwas Glück ein bisschen von allem. »Couchsurfing« ist ein Netzwerk von Reisenden für Reisende. Es gibt Urlauber, die eine kostenlose Unterkunft suchen. Und es gibt Gastgeber, die gerne Besuch bekommen und Reisenden gratis ein Zimmer oder auch nur eine Couch zur Verfügung stellen. Wenn sie selber unterwegs sind, kommen sie bei anderen Couchsurfern unter.

Hauptsächlich, so erscheint es zumindest, wenn man Gesuche

und Angebote studiert, wird dieses Netzwerk von jungen Leuten genutzt. Denjenigen, die wenig Geld haben und wenige Ansprüche an die Unterkunft. Aber auch von Leuten, die gerne Kontakt zu Einheimischen haben möchten, also wirklich Land *und* Leute kennenlernen wollen.

Eine Freundin hatte mir vor der Reise vom Couchsurfing vorgeschwärmt. Ihr Freund hätte regelmäßig Couchsurfer zu Gast, das sei immer ganz spannend. Und in ihrem letzten Urlaub hätten sie es selber einmal ausprobiert – und so jede Menge Geld gespart.

Aber kann man auch als Familie couchsurfen? Man kann. Und zwar ganz wunderbar. Maria del Pilar, unsere Gastgeberin in Santiago, hatten wir über die Website gefunden. Ebenso Elena und Aleks in Auckland, russische Einwanderer, die in Neuseeland eine neue Heimat gefunden haben.

»Wir haben häufig Couchsurfer zu Gast, oft auch Eltern mit Kindern, weil wir uns in der Couchsurf-Familiengruppe registriert haben«, sagt Elena und zeigt uns ihr Haus in einem grünen Vorort von Auckland. Es gibt einen Garten mit einem Trampolin, auf das sich unsere Tochter stürzt. Ein Wohnzimmer voller Spielsachen, auf die das Baby zukrabbelt. Und zwei kleine Jungen, Elenas Söhne, die sich über Kinderbesuch freuen.

Eine Couch besitzt die Familie nicht, dafür aber gemütliche Sitzkissen, die quer im Wohnzimmer verteilt liegen. Darauf müssen wir uns aber abends nicht betten, sondern dürfen uns in ein eigenes Zimmer zurückziehen und in bequemen Betten schlafen. Der perfekte Ort, um nach einem Nachtflug anzukommen und uns zu akklimatisieren. Dachten wir zumindest.

Doch am nächsten Morgen, ich liege noch im Bett, kommt mein Mann aufgeregt in das Zimmer zurückgestürmt. Der Gastgebersohn hat in der Nacht Windpocken bekommen. Wir haben einen Gepäckverlust hinter uns. Nun möchte ich mich nicht auch noch mit Windpocken herumschlagen. Besorgt blicke ich auf das Baby: »Lass uns sofort gehen«, rufe ich meinem Mann zu.

Vielleicht haben wir Pech – und es hat sich bereits angesteckt. Vielleicht hatten wir aber auch Glück, da beide Kinder kurz nach der Ankunft, von der Zeitumstellung ermüdet, ins Bett gefallen waren. Auf jeden Fall: Sachen packen und los. Nur: Wohin? Die erschwinglichen Hotels in Auckland, so ergibt eine Reihe von Telefonaten, sind ausgebucht. Dafür haben wir bei einem Camperanbieter Glück. Ein Wohnmobil ist noch frei, zumindest für zehn Tage. Und so kam es, dass wir nun doch mit dem Wohnmobil durch Neuseeland reisen – und zwar mit großer Begeisterung. Liebe auf den zweiten Blick sozusagen.

Ich bin ein penibler Mensch. Ich mag es, wenn alles seinen Platz hat. Der Wagen hat Tausende kleine Fächer. Die Innenausstattung ist perfekt durchdacht. Die Möbelversion meiner bereits erwähnten Beutelstrategie, mit Hilfe derer ich versuche, unser Gepäck im Zaum zu halten. »Ihr ergänzt euch, du und der Wagen«, sagt mein Mann, während ich unsere Sachen verstaue – nach Zweck und Familienmitgliedern sortiert. Als Studentin hätte ich mein heutiges Ich als total spießig empfunden. Aber wer mit zwei Kleinkindern fünf Monate um die Welt reist, hat zwischendurch ein Bedürfnis nach Ordnung, um nicht im Chaos zu versinken. Mein Mann hat recht: Der Wagen und ich, wir ergänzen uns.

Als alles verstaut ist, setzt sich mein Mann ans Steuer. Ich kann nicht fahren, mein Führerschein war im geklauten Rucksack. Die Kinder sitzen hinter uns, auf erhöhten Kindersitzen. Beide nebeneinander, den Blick nach vorne gerichtet. Merkwürdigerweise wehrt sich das Baby nicht gegen den neuen Kindersitz. Und der Großen wird nicht schlecht. Vielleicht, weil ein Wohnmobil weniger schwankt als ein Auto. Stattdessen halten sich unsere Töchter an den Händen und schauen neugierig aus dem Fenster. Ich sitze auf dem Beifahrersitz, blicke in die Landschaft hinaus und freue mich, sie wiederentdeckt zu haben: Eine alte Liebe, die ich mit der Familie zu teilen scheine.

Zu ihr gesellt sich bald eine neue Liebe, die perfekt zu einem Wohnmobilurlaub passt: Coromandel, eine dünn besiedelte Halbinsel östlich von Auckland, die mit grünen Hügeln und subtropischem Regenwald aufwartet.

Während sich Deutschland im Dezember meist in nasskaltes Grau oder in eine weiße Schneetracht hüllt, schmückt sich die neuseeländische Natur in der Vorweihnachtszeit mit leuchtenden Farben: Die türkisen Wellen des Pazifiks, die gegen eine grün bewachsene Küste mit feinen Sandstränden spülen. Schwarzstämmige Farne, die sich rank und schlank wie Palmen vor dem blauen Himmel abheben. Weiß blühende Manuka-Bäume, von denen das Teebaumöl stammt, das wir zu Hause gegen Erkältungen einsetzen. Und Pohutukawa-Bäume, die gerne als neuseeländische Weihnachtsbäume bezeichnet werden, weil sie um diese Jahreszeit eine rote Blütenpracht tragen.

Immer wieder halten wir an, um zu schauen, zu bewundern, zu fotografieren. Um zu picknicken, zu spielen, die Füße ins Wasser zu tauchen. Und um Panoramapausen einzulegen. So nennt mein Mann die vielen Stopps, die wir einlegen, um die Landschaft zu bewundern. Grün bewachsene Hügel, die zum Meer hin abfallen. Wellen, die an eine kurvenreiche Küstenlinie schwappen. Schwarze Felsen, die steil ins Meer hinabfallen. Sandstrände so hell, dass wir sie ohne Sonnenbrille kaum betreten können.

Unterwegs begegnen wir einer anderen deutschen Familie mit zwei kleinen Kindern. Sie reisen zwar auch im Wohnmobil, aber ansonsten völlig anders als wir. Nämlich nach einem straffen Zeitplan, den der Familienvater ausgetüftelt hat. Als wir uns am frühen Nachmittag kennenlernen, haben sie bereits eine Wanderung und den Besuch eines Museums hinter sich, für den weiteren Verlauf des Tages planten sie eine Tour mit einem Ausflugsboot. Danach wollen sie noch zwei Stunden weiterfahren zu ihrer nächsten Unterkunft. Gemeinsam besuchen wir ein Schmetterlingshaus und einen Spielplatz. Da sich die Kinder gut verstehen, beschließen wir, uns später noch einmal zu treffen. Aber unser Reiserhythmus ist zu unterschiedlich. Es gelingt uns nicht, sie einzuholen.

»Wie schaffen die das nur?«, frage ich meinen Mann. Ich bin wirklich schwer beeindruckt. Wenn wir Glück haben, schaffen wir pro Tag eine Aktivität: Die Fahrt mit einer Bimmelbahn zum sogenannten Eyefull Tower, einem Aussichtspunkt in den Bergen, wo mein Mann und ich fremdartige Pflanzen und alte Goldgräbertunnel bewundern. Ein Bad im Fluss bei Thames, einem ehemaligen Goldgräberstädtchen, wo das Kind gefühlte Stunden damit zubringt, von Stein zu Stein zu springen. Ein Standspaziergang, bei dem das Baby begeistert Möwen anstarrt, die – wie ich seiner

Schwester versichere – natürlich überhaupt nicht so bissig sind wie die argentinischen.

Und manchmal verbringen wir einfach einen ganzen Tag auf einem Campingplatz, weil der nicht nur malerisch am Meer liegt, sondern die Besitzerin unseren Kindern auch ihren Privatgarten zur Verfügung stellt: mit elektrischen Spielzeugautos, einem Trampolin und drei Enkelkindern, die mit unserer Tochter abends am Lagerfeuer Marshmallows grillen.

Mehr als vielleicht eine bekannte Sehenswürdigkeit oder ein Highlight am Tag ist bei uns meist nicht drin. Das Urlaubspensum der anderen Familie: unerreichbar.

»Vielleicht«, mutmaßt mein Mann, »stehen die schon morgens um sechs auf und rauschen dann gleich los.«

»Oder«, werfe ich ein, »die müssen nicht sisyphossen.«

Mein Mann nickt wissend.

Wie wir nach der ersten Nacht im Wohnmobil feststellen, bedeutet es nicht, dass wir nun automatisch früher loskommen, nur weil kein Hotelzimmer geräumt und kein Gepäck geschultert werden muss. Egal wo wir sind, wir sind nicht gegen hartnäckiges »Sisyphossen« gefeit. So nennen wir immer wiederauftauchende Tätigkeiten, die einfach kein Ende zu finden scheinen. Dabei kommen wir uns manchmal vor wie Sisyphos, jener tragische Held der griechischen Mythologie, der von Zeus dazu verdammt wurde, bis in alle Ewigkeit immer wieder einen Stein einen Berg hinaufzubringen, der, kaum oben angekommen, wieder herunterrollt.

Unser Stein sieht zu Hause so aus: Kindersachen wegräumen, kochen, wieder Kindersachen wegräumen, waschen, Kindersachen wegräumen, arbeiten, Kindersachen wegräumen … Im Urlaub besteht unsere Sisyphosarbeit vor allem aus Packen. Im Wohnmobil bleibt uns das zwar eine Weile erspart, aber Zeus (oder wer auch immer) hat sich dafür etwas anderes ausgedacht: Bett zusammenklappen, alles verstauen, Kinder zurechtmachen, Frühstück vorbereiten, spülen, wieder alles verstauen, Kinder erneut zurechtmachen …

Mein Mann und ich räumen zum x-ten Mal die Schränke ein, räumen die Frühstücksachen weg und sortieren herumliegende Anzieh- und Spielsachen ein, während das Kind sie hinter uns wieder herauswühlt, das Baby mehr Essen fordert und beide mit den Schranktüren klappern.

»Sisyphos hatte es besser als wir«, sage ich zu meinem Mann und nicke zu unseren heulenden Kindern hinüber, denen wir das herumliegende Spielzeug entrissen haben, um es endgültig für die Dauer der Fahrt im Schrank zu verstauen. »Dessen Stein hatte wenigstens keine Bockigkeitsanfälle und gab keine Widerworte.«

Die andere Familie, die uns per SMS über den weiteren Verlauf ihrer Reise auf dem Laufenden hält, war bereits nach zwei Tagen dort, wo wir erst nach einer Woche aufkreuzen. Dafür genießen wir die Spontaneität. Eine Wickelpause wird zu einem ausgedehnten Strandpicknick, ein kurzer Abstecher zum Strand zum Badenachmittag, eine Stippvisite beim Spielplatz zum Auftakt einer langen Nacht, in der wir uns mit anderen reisenden Eltern unterhalten. Von denen gibt es hier in Neuseeland viele. Eine fünfmonatige Reise, wie wir sie machen, scheint kein Extremfall, sondern schon fast die Norm zu sein unter den reisenden Familien, denen wir begegnen.

Eine treffen wir auf einem Parkplatz am Hot Water Beach im Nordosten der Coromandel-Halbinsel. Der »Heißwasser-Strand« ist für seine Thermalquellen bekannt, die in einem bestimmten Strandabschnitt aus dem Sand sprudeln. Die meiste Zeit des Tages ist der Strandabschnitt vom Meer bedeckt, doch während der Ebbe können Besucher die heißen Quellen für einige Stunden aufsuchen, sich Pools in den Sand graben und ein Mineralbad nehmen. »Ihr könnt das gar nicht verpassen«, hatte uns der Betreiber eines Campingplatzes mit auf den Weg gegeben. »Ihr müsst dort hin, wo alle sind.«

Jein. Denn dort, wo alle sind, sind die heißen Quellen. Während wir erst einmal – im schönsten Sisyphos-Modus – auf dem Parkplatz festsitzen: Baby wickeln, das Kind aufs Klo setzen, Badesachen packen, einen Snack herrichten, Sandspielzeug herauswühlen.

Neben uns hat gleichzeitig ein weiteres Wohnmobil gehalten. Seine Insassen stürmen, ähnlich wie wir, nicht direkt zu Beginn der Ebbe an den Strand, sondern lassen sich Zeit. Als die Tür endlich aufgeht, verstehen wir warum.

»Kinder!«, ruft unsere Tochter begeistert.

»Ein Kind!«, ruft auch der etwa fünfjährige Junge, der zusammen mit seiner kleinen Schwester aus dem Nachbarwohnmobil gestiegen ist und unsere Tochter erspäht hat.

»Deutsche Kinder!«, informiere ich meinen Mann.

Schnell kommen wir mit der Familie ins Gespräch. Wir haben viel gemeinsam: Sie sind auch Langzeitreisende. Unterwegs mit zwei Kindern. Einmal rund um die Erde. Und sehr glücklich dabei. Aber unsere neuen Bekannten reisen noch gemächlicher als wir, denn sie überqueren die Ozeane nicht im Flugzeug, sondern per Schiff. Knapp acht Monate nehmen sie sich dafür Zeit – bis der Sohn eingeschult wird.

Wir schlendern zusammen zu den heißen Quellen und besteigen eine Grube, die andere Besucher vor uns in den Sand gebuddelt haben (es hat auch Vorteile, später als alle anderen zu kommen). Während hinter uns die Wellen des Pazifiks rauschen, genießen wir das warme Thermalwasserbad.

Viel länger als gedacht, planschen wir im Wasser, bauen Sandburgen, suchen nach Muscheln, machen mit den Kindern Wettläufe am Strand. Dann setzen wir uns ins Wohnmobil unserer neuen Bekannten, um gemeinsam zu Abend zu essen.

»Wir reisen auch sehr langsam«, beruhigt uns der andere Familienvater. »Aber das macht uns auch flexibel.« Er hat recht. Hätten wir einen straffen Zeitplan gehabt, wie die andere deutsche Familie, die schon alle Campingplätze und Hotels entlang ihrer Reiseroute vorgebucht und jede Sehenswürdigkeit bereits vor Antritt der Reise fest eingeplant hatte, wären Tage wie dieser nicht möglich. Tage, die wir besonders schön finden.

Eine Woche später, als wir die Fächer des Wohnmobils wieder leerräumen müssen, um den Wagen dem Vermieter zu übergeben, kommt mein Mann noch einmal auf den Helden der griechischen Sagenwelt zurück. »Weißt du«, sagt er und stöhnt, als die Kinder die eben zusammengepackte Spielzeugtasche wieder ausschütten. »So viel Abwechslung hatte Sisyphos bestimmt nicht.«

»Ja«, stimme ich ihm zu, »auf seinem Berg gab es ja auch keine Kinder.« Und kein schönes Wohnmobil.

Unter Quarantäne

Oder: Was macht man, wenn unterwegs ein Kind krank wird?

Wir haben uns vom Wohnmobil verabschiedet – und mein Mann und ich haben uns getrennt. Oder vielmehr: Ich habe mich von der Familie getrennt. Der Grund heißt Josh, ein braungebrannter Niederländer mit strahlend blauen Augen, dem man ansieht, dass er jeden Tag Sport treibt.

Aber der Reihe nach:

Es beginnt mit einem Pöckchen am Körper des Babys. Und noch einem. Und zwei weiteren. Und noch ganz vielen.

»Mist«, sagt mein Mann. »Unsere Tochter hat Windpocken.«

Das Resultat unseres Couchsurfing-Aufenthalts in Auckland bei Elena und Aleks, deren Sohn über Nacht Windpocken bekam. Trotz der Tatsache, dass wir sofort mit wehenden Fahnen abgereist sind. »Unsere Flucht war umsonst«, stellt mein Mann fest.

Er und ich hatten Windpocken, als wir selber noch Kinder waren. Unsere ältere Tochter ist dagegen geimpft. Doch das Baby hat es erwischt. Für eine Windpockenimpfung war es vor der Reise noch zu jung. Auch der zweite Sohn von Elena und Aleks, so erfahren wir per E-Mail, hat sich angesteckt. »Das tut mir so leid«, entschuldigt sich Elena, als sie von unserem Ausbruch erfährt. »Ach was«, schreibe ich zurück. »Das hätte uns auch in Deutschland passieren können. So ist das halt mit Kinderkrankheiten.«

Windpocken sind hochgradig ansteckend. »Aber«, beruhigt uns ein Kinderarzt, »nur in den wenigsten Fällen gefährlich.« Unser Baby hat zum Glück lediglich eine leichte bis normale Variante. Wir sollen einfach abwarten – und uns möglichst von anderen Leuten fernhalten.

Ich bin froh, dass unsere erste »richtige« Krankheit auf dieser Reise – vom Möwenbiss der Tochter und etwas Schnupfen abgesehen – vergleichsweise harmlos abläuft. Vor rund zwei Jahren, als unser großes Kind zweieinhalb Jahre alt war, mussten wir mit ihm während eines Urlaubs in Thailand für zwei Tage ins Krankenhaus. Es hatte starken Husten, der Arzt in Bangkok wollte es vorsichtshalber zur Beobachtung dabehalten, um eine Lungenentzündung auszuschließen. »Krankenhausaufenthalt in Thailand« – das hört sich zwar dramatisch an, war aber vollkommen okay. Wir hatten ein Familienzimmer auf der Kinderstation, es gab genügend Spielsachen, eine gute Küche, die ärztliche Versorgung war perfekt. Dem Kind ging es bald besser, und die Reiseversicherung kam hinterher problemlos für alle Kosten auf.

Kinder können krank werden, aber in vielen Ländern, die wir bereisen würden, werden Krankheiten genauso gut behandelt wie in Deutschland. Doch natürlich ist es schöner, wenn man – mit gewissen Einschränkungen – trotzdem weiterreisen kann. So wie jetzt.

Kurz vor Ausbruch der Windpocken waren wir auf die Südinsel Neuseelands geflogen, wo es Natur satt gibt. Sogar halbwegs menschenleere. Wir lassen uns mit einem Boot in die Marlborough Sounds bringen, einem Flickenteppich aus Land und Meer, Inseln und Landzungen, schroffen Hügeln und bewaldeten Tälern, durch die sich der Queen-Charlotte-Wanderweg schlängelt. Wer dort wandert, stößt auf abgelegene Sandstrände, die einsame Buchten rahmen, und auf urtümlichen Regenwald mit vielen Pflanzen, die man nirgendwo sonst auf der Welt antrifft.

Wir wandern, das bepockte Baby im Tragetuch. Wenn wir andere Spaziergänger treffen, winken wir aus der Ferne. Wenn uns einer zu nahe kommt, stoßen wir Warnungen aus. Auch wenn wir dafür ab und zu befremdliche Blicke ernten.

Mein Mann genießt die Abgeschiedenheit. Ich die Wanderungen entlang der Küste. Das Baby die Creme gegen Juckreiz. Nur das Kind ist besorgt. Weil seine Schwester den Weihnachtsmann anstecken könnte. Oder er womöglich gar nicht erst kommt.

»Nein«, beruhigt mein Mann unsere Tochter, die im Gegensatz zu uns das immer näher heranrückende Weihnachtsfest nicht verdrängt hat, »der Weihnachtsmann wird niemals krank.«

Um das Baby vom Juckreiz und das Kind von seinen Weih-
nachtsmannsorgen abzulenken, setzen wir eine »Waffe« ein, die
immer hilft, in Deutschland wie auf Reisen: Tiere. Denn zum
Glück haben wir Philip kennengelernt. Philip ist Tierpfleger unserer Unterkunft, einer Lodge im Herzen des Nationalparks, wo wir
eine kleine Hütte bezogen haben. Und: Philip hat ebenfalls schon
als Kind Windpocken gehabt. Wir können uns ihm also gefahrlos
nähern. Er zeigt uns den Landschaftsgarten der Lodge, der sich
über ein weitläufiges Gelände vom Meer bis zum Queen-Charlotte-

Wanderweg ausbreitet. Darin versammeln sich nicht nur Tiere, die
man auf jedem deutschen Bauernhof finden würde, also Schweine,
Hühner und Kaninchen, sondern auch Guanakos, Vögel und Aale,
die man füttern kann. Dazu reicht Philip unserem Kind einen
langen Stab mit etwas Hackfleisch an der Spitze, die es ins Wasser
halten soll. Prompt hängt ein gutes Dutzend Aale am Stab, mit weit
aufgerissenen Schlunden und peitschenden Körpern, die sich an
der Wasseroberfläche winden.

Das Kind weidet sich in einer Mischung aus Grusel und Faszination. Das Baby juchzt vergnügt. Mein Mann und ich sind erstaunt, dass man Aale füttern kann – und wie weit sich die gierigen Tiere dafür aus dem Wasser herauswagen.

Während unsere Tochter wenig später ein paar Meter weiter in einer Voliere grün-rot gefiederte Papageien füttert, erzählt uns Philip, dass er im Rahmen eines Schutzprogramms verletzte Seevögel pflegt, bis diese wieder in die Freiheit entlassen werden sollen.

In Neuseeland, erfahren wir, gab es bis auf drei Fledermausarten ursprünglich keine Säugetiere, dafür aber unzählige, endemische, also nur hier anzutreffende Vögel. Mit dem gewollten oder unabsichtlichen Einführen und Einschleppen von Hunden, Katzen, Ratten, Mardern und Possums – Beutelsäugern aus Australien – wurde der Bestand der Vögel stark verringert, viele sind ausgestorben. »Jetzt«, sagt Philip, »gilt es jeden einzelnen Vogel zu retten.« Das gelinge bei seltenen Arten, vor allem den flugunfähigen Bodenbrütern, höchstens auf unbewohnten, kleinen Inseln vor der Küste, fern von den gefährlichen Fressfeinden.

Ein isoliertes Inseldasein? Ein wenig erinnert mich das an unsere Zwangsquarantäne. Nach einer knappen Woche, in denen das Baby Pustel um Pustel entwickelt hat, die nun langsam verkrusten, habe ich genug. Ich möchte wieder unter Menschen kommen. Und etwas machen, was ganz und gar kinderinkompatibel ist. Ich muss an frühere Reisen denken, die mein Mann und ich unternommen haben, bevor wir Kinder hatten: Wir sind tagelang gewandert, waren schnorcheln, sind Kajak gefahren. All dies sind Dinge, die man im Nationalpark Abel Tasman, dem nächsten Ziel unserer Südinseltour, hervorragend machen kann. Und all dies sind Dinge, die kleine Kinder noch nicht können, die zu anstrengend, zu gefährlich oder alles zugleich sind.

Aber, wie so oft im Familienleben, gibt es etwas, was man tun kann: Kompromisse eingehen. Im Urlaub haben wir neben den bereits in Argentinien ausprobierten Ego-Tagen, an denen jeweils ein Familienmitglied bestimmt, was gemacht wird, drei verschiedene Kompromissmöglichkeiten für uns entdeckt.

Möglichkeit 1: Wir machen das, was wir auch früher gemacht hätten, nur in einer Art Light-Version. Wir laufen nicht tagelang den berühmten, rund 50 Kilometer langen Küstenwanderweg ab, sondern machen einen dreistündigen Spaziergang. Also eigentlich einen – laut Wanderkarte – anderthalbstündigen, für den wir aber doppelt so lang wie durchschnittliche Wanderer brauchen, um alle bei Laune zu halten:

Das Kind bleibt immer wieder stehen und sammelt Blätter, die es für sein Reisetagebuch pressen will. Das Baby beharrt auf Pausen auf der Picknickdecke, wo es übt, in Froschposition vorwärtszuhüpfen. Mein Mann und ich bewundern die Bäume: Schwarzstämmige Farne, die nicht knietief über dem Boden wuchern, sondern hochgewachsen wie Birken sind. Manuka-Bäume, deren Kronen mit weißen Blüten übersät sind. Whauwhaupaku-Pflanzen, deren handtellergroße Blätter uns Schatten spenden, dazu Moose und Flechten in allen erdenklichen Grün-Schattierungen. Jedes Mal rupfe ich die Kamera aus dem Rucksack, um unsere Naturfunde festzuhalten. Am Ende des Tages haben wir zwar nicht unbedingt viel Strecke geschafft, aber dafür ist keinem Familienmitglied die Lust am Wandern vergangen.

Möglichkeit 2: Wir machen etwas anderes, das genauso toll ist – auch für die Kinder. Statt die Meeresfauna schnorchelnd zu erkunden, fahren wir mit einem Boot die Küste lang und entdecken die Bewohner des sogenannten Tonga Island Marine Reserve, das vor der Küste des Nationalparks liegt.

Mein Mann lässt sich den Wind ins Gesicht pusten und genießt

die Aussicht auf grün überwucherte Inseln, Granitklippen, Sandstrände. Das Kind freut sich über eine rosa Kinderrettungsweste
mit Prinzessinnen, die ihm der Kapitän gegeben hat, und sucht
die Klippen nach »Seehundlöwen« ab. Das Baby, dessen Pöckchen
langsam verkrusten, blinzelt zu Pinguinen hinunter, die auf den
Wellen surfen. Vor lauter Begeisterung wirft es meine Sonnenbrille

ins Wasser, die dritte oder vierte, die meine Kinder bereits auf dem Gewissen haben. Und ich mache eifrig Fotos – von rosa Rettungswesten und »Seehundlöwen«, von Pinguinen, Inseln, Sandstränden, vom Mann und den Kindern.

Dennoch, manchmal bleibt trotz aller Familienidylle nur noch Möglichkeit 3:

Wir trennen uns. Einer macht mit den Kindern Möglichkeit 1 oder 2. Der andere macht das, was wir früher gemacht haben. Und hier kommt Josh ins Spiel, der braungebrannte Niederländer mit

den strahlend blauen Augen, für den ich die Familie für einen Tag verlasse. Josh ist ein Kajakführer.

Winkend steht meine Familie am Strand, während er und ich lospaddeln. Wir gleiten mit dem Kajak fort aufs Meer, Mann, Kind und Baby am Ufer werden kleiner und kleiner. Oben am Himmel kreisen die Möwen und kreischen, unten im Kajak sitze ich, verpackt in eine rote Rettungsweste, und denke nach. Darüber, dass es ungewohnt ist, etwas alleine zu unternehmen. Wir sind nun schon knapp drei Monate unterwegs und eigentlich rund um die Uhr zu viert beisammen. Bislang beschränkte sich die Zeit, die ich während der Reise alleine war, auf

a) ein paar Nachmittage, an denen ich arbeiten musste, also vor dem Laptop saß und Artikel schrieb

b) einen schon viel zu lang zurückliegenden Friseurbesuch in der argentinischen Stadt Bariloche und

c) ein paar Minuten Shoppen hier und dort, wenn Mann und Kinder auf einem Spielplatz waren.

Aber das hier ist anders. Es ist Freizeit nur für mich. Keine Widerworte, kein Babymund, der sich an meinem T-Shirt abwischt, kein Organisieren, kein Diskutieren. Keine Klebefinger, keine Windpockencreme. Ich entsinne mich an meine erste Elternzeit, als ich nach der Geburt meiner Tochter das erste Mal abends mit Freundinnen ausging, Baby und Mann zu Hause zurücklassend. Jetzt stellt sich ein ähnliches Gefühl ein: Freiheit! Eine halbe Stunde genieße ich das Gefühl, dann fange ich an zu bedauern, dass mein Mann nicht mitpaddeln kann. Dass meine Tochter nicht sehen kann, wie nah ich mit dem Kanu an die »Seehundlöwen« herankomme. Dass das Baby sich nicht an dem einsamen Sandstrand, an dem wir zwischendurch anlegen, durch den Sand rollen kann.

Das Kajak schwankt über die Wellen, trotz Spritzschutz wird es feucht am Hintern, Wasser spritzt mir ins Gesicht, die Luft riecht salzig. Ich grübele weiter. Wie wird das bloß sein, frage ich mich, wenn wir wieder zu Hause sind, jeder in seinem Job gefangen mit viel zu wenig gemeinsamer Zeit?

Aber daran will ich eigentlich noch gar nicht denken. Stattdessen unterhalte ich mich mit Josh, der nach dem Abitur in Holland seinen Koffer gepackt hat und nach Neuseeland ausgewandert ist, wo Verwandte von ihm lebten. Seit zwölf Jahren ist er nun hier, seither sticht er in See, wie mit mir im Kajak. Oder wandert durch den Nationalpark. Outdoorguide nennt sich sein Traumjob, den ich auch wunderbar fände, wäre ich nicht so unsportlich – vor allem inzwischen, nach der zweiten Schwangerschaft. Zum Glück besteht auch unsere Seekajaktour nicht nur aus flottem Paddeln, sondern auch aus Guckpausen: Wir sehen pelzige, graue Würste (»Seehund-löwen« oder wie Josh mir erklärt: Neuseeländische Seebären), die sich auf den Felsen einer kleinen Insel aalen, Kormorane, die ihre ausgebreiteten Flügel in der Sonne trocknen, schwarz gefiederte Neuseeländische Austernfischer, die mit ihren langen, roten Schnä-beln im nassen Sand rumstochern, ein Zwergpinguin, der dicht an unserem Kajak vorbeischwimmt.

Dann zeigt mir Josh vereinzelte, kleine Inseln, die für Menschen gesperrt sind, jene Vogeleilande, von denen bereits der Tierpfleger Philip berichtet hatte. Sie gehören zum Meeresschutzgebiet Tonga Island Marine Reserve, das wir schon am Vortag mit den Kindern im Rahmen von »Möglichkeit 2« vom Boot aus bewundert hatten. Es bietet nicht nur rund 200 Neuseeländischen Seebären, sondern auch mehr als 70 verschiedenen Vogelarten ein Zuhause.

Nach unserem vierstündigen Ausflug verabschiede ich mich von meinem Outdoorguide und freue mich wieder auf meine Familie. »Ja«, sagt Josh, »das kenne ich. So schön die Einsamkeit der Natur ist, ich finde es auch immer schön, abends zu meiner Familie heim-zukehren.« Seine Familie besteht neben ihm aus fünf Ladys: Seiner Ehefrau und vier Töchtern.

»Und?«, fragt mich mein Mann eine halbe Stunde später, als wir wieder zusammentreffen. »Hat dir die Familienpause gefallen?«

»Mmh«, sage ich und umarme ihn, »aber das hat jetzt auch gereicht.« Dann herze ich das Baby, küsse das Kind und denke, dass ich froh sein kann, nicht immer mutter(seelen)allein zu sein.

Zwei Tage später neigt sich auch unsere windpockenbedingte Quarantäne dem Ende zu. »Wenn alle Pöckchen verkrustet sind«, hatte uns der Kinderarzt erzählt, »ist das Baby nicht mehr ansteckend.« Also jetzt. Wir können uns wieder gemeinsam unter Menschen trauen – und, wie wir unserer Tochter zwei Tage vor Weihnachten versichern, unter Weihnachtsmänner.

Oh Kauri-Baum, oh Kauri-Baum!

Oder: Wie verbringt man Weihnachten in der Ferne?

Die Weihnachtszeit zu Hause sieht in etwa so aus: Ende September räumen die Supermärkte Spekulatius, Dominosteine und Marzipankugeln in die Regale. Spätestens im November rüsten dann auch Kaufhäuser und Boutiquen auf. Beinahe jedes Schaufenster in Hamburg erstrahlt in hellen Lichtern, geschmückt mit Christbaumkugeln, Lametta und Tannenzweigen. An jeder Ecke eröffnet ein Weihnachtsmarkt, besinnliche Musik schallt aus Lautsprechern. Weihnachtsmänner stolzieren durch Kaufhausflure, um Schokolade an Kinder zu verteilen. Abends ist es früh dunkel, und mit etwas Glück fallen dicke weiße Schneeflocken vom Himmel.

Zu Hause bereiten wir uns auf Weihnachten vor, zumindest seit wir Kinder haben. Im Dezember hängen bei uns Adventskalender an den Wänden, brennen die Kerzen des Adventskranzes, Weihnachtsbücher wandern aus der Kiste auf dem Dachboden ins Kinderzimmer, und pünktlich zum Fest dominiert ein Weihnachtsbaum unser Wohnzimmer.

Dieses Jahr ist alles anders.

Zum ersten Mal haben wir im Oktober Weihnachten gefeiert, und zwar gleich mehrfach. In der »Tierra Santa«, dem Religions-Vergnügungspark in Buenos Aires, den wir an einem Mama-Ego-Tag besucht haben und wo Christi Geburt im Stundentakt zelebriert wurde.

Die nächste weihnachtliche Begegnung hatten wir Anfang Dezember, kurz nach unserer Ankunft in Neuseeland. Wir waren in einer Shoppingmall, wo wir die letzten fehlenden Dinge aus dem gestohlenen Rucksack ersetzen wollten. Plötzlich zupfte unsere Tochter an meinem Ärmel. »Mama, was ist das für ein Mann?«, wollte sie wissen.

Es war ein Weihnachtsmann. Aber sie hat ihn nicht erkannt. Er trug Shorts und Flip-Flops. Eine Sonnenbrille. Dazu einen roten Cowboyhut mit weißen Puscheln. Er schien zu schwitzen unter seinem weißen Wattebart. »Hohoho!«, brüllte er und schwenkte eine Glocke in seiner braungebrannten Hand.

Mein Kind sah ihn fassungslos an.

Ein paar Tage später, nachdem uns der Nikolaus morgens aufgesucht hatte, kam ihm ein anderer Gedanke. »Findet uns denn der Weihnachtsmann in Neuseeland?«, fragte es seinen Vater besorgt.

»Klar«, sagte mein Mann.

»Ich bin mir da nicht sicher«, raunte ich meinem Mann zu, sehr darauf bedacht, dass das Kind uns nicht hörte. Denn in dem gestohlenen Rucksack waren auch sämtliche Weihnachtsgeschenke. Und die konnten wir – zumal in Anwesenheit der Kinder – nicht so schnell ersetzen wie die geraubten Unterhosen. Denn dieses Jahr können wir keine Fahrräder oder Puppenwagen verschenken, sondern nur Geschenke, die System haben. Da unser Gepäck begrenzt ist, müssen sie entweder verbrauchbar (Süßigkeiten, Seifenblasen), sehr klein (ein hübscher Kettenanhänger), austauschbar (Malbuch), quasi unsichtbar (neue Kinderbücher auf dem E-Book-Reader) oder für den Urlaub sinnvoll (Sandspielzeug, Sommerkleidchen) sein. Damit sie diese Kriterien erfüllten, hatte ich wochenlang nach Geschenken gesucht. Alles für die Katz – dank des chilenischen Diebs.

»Na ja«, sagt mein Mann, »hier in Neuseeland findet man in den Läden sicherlich ein paar schöne Dinge.«

Bestimmt. Wenn wir uns mal einem Geschäft oder einer Shoppingmall genähert hätten. Doch bedingt durch die Windpockenquarantäne haben wir größere Städte gemieden. Seit wir Auckland Anfang Dezember verlassen haben, haben wir auch die Adventszeit hinter uns gelassen. Zumindest gefühlt. Was wir sehen, ist: Natur. Wir fahren Wohnmobil, wir besuchen Strände, wir gehen wandern. Wir erblicken in voller Blüte stehende Pohutukawa-Bäume, hölzerne Sommerhäuschen, Menschen in Strandbekleidung. Was wir nicht sehen, sind: Tannenbäume, geschmückte Häuser, dick eingepackte Menschen mit Einkaufstüten voller Geschenke, Geschäfte voller Kinderspielzeug.

Mein Mann und ich haben das bevorstehende Weihnachtsfest fast vergessen. Nicht so unsere Tochter. Auf einem Campingplatz entdeckt sie einen Weihnachtsbaum. Außer Zuckerkringeln und bunten Kugeln ist er mit Muscheln und kleinen Flip-Flops dekoriert.

»Ich will auch einen Weihnachtsbaum«, fordert sie.

Das Baby greift nach den silbrigen Kugeln.

Die Betreiberin des Campingplatzes hat Mitleid mit unseren

Kindern, als ich ihr erzähle, dass wir so gar nicht auf die Feiertage vorbereitet sind. Sie schenkt uns einen kleinen Weihnachtsbaum mit blinkenden Lichtern. Er ist aus Plastik und geht unserer vierjährigen Tochter gerade einmal bis zum Knie.

Wie kitschig!, sagt der Blick, den mein Mann mir zuwirft.

»Toll!«, strahlt das Kind.

Das Baby kniet vor dem Plastikgestrüpp und versucht, sich die Drahtäste in den Mund zu stopfen.

Zwei Wochen später, am 23. Dezember, wollen wir uns auf den Weg zu unserem Weihnachtsquartier machen. Wir verlassen die Nationalparks der Südinsel (unsere Windpocken-Stationen) mit der Fähre und warten in Wellington, der neuseeländischen Hauptstadt, auf unser Flugzeug. Es soll uns zurück in den Norden des Inselstaats bringen.

Vor Monaten, noch in Deutschland, hatte uns jeder gesagt, wir sollten auf jeden Fall eine Unterkunft für Weihnachten buchen. Unbedingt. Sonst wäre alles ausgebucht. Wir müssten auf der Straße nächtigen. Wir hatten daraufhin ein Cottage gemietet. Von der Wohnung in Buenos Aires abgesehen die einzige Unterkunft der gesamten Reise, die wir lange im Voraus gebucht haben. Das Cottage befindet sich in Northland, an der obersten Spitze Neuseelands, in einem Örtchen namens Kohukohu, das sich an einem langgezogenen Fjord namens Hokiangabucht schmiegt. Ein idyllisches, gemütliches Häuschen, um eine Woche innezuhalten und Weihnachten zu feiern. Preislich eigentlich über unserem Budget. Aber, haben wir uns gedacht, Weihnachten wollen wir es richtig schön haben.

Nur: Wir kommen nicht hin. Der Flughafen in Wellington ist gesperrt wegen Nebel. Mit Hunderten anderen Leuten drängen wir uns vor dem Informationsschalter. Wäre in Deutschland ein Flughafen einen Tag vor Weihnachten lahmgelegt, würde die Meute Amok laufen. Hier scheine nur ich ernsthaft beunruhigt. Die meisten anderen unterhalten sich angeregt, lachen, zucken mit den Schultern. Na ja, Nebel. Wieder einmal.

»Die Neuseeländer sind ja so relaxed wie die Südamerikaner«, sage ich staunend zu meinem Mann. »Nur wir Deutschen sind immer so gestresst. Zumindest ich.«

Wir ergattern Flugtickets für den nächsten Tag. Dann checken wir in einer nahe gelegenen Jugendherberge ein. »Eine Nacht«, sagt uns die Rezeptionistin, »haben wir noch frei. Aber über Weihnachten ist alles ausgebucht.«

Ganz kann ich nicht aus meiner deutschen Haut schlüpfen: Ich sehe die Prophezeiungen eintreten. Also uns auf der Straße. Heiligabend unter dem Brückenpfeiler. Denn es ist klar: Wenn wir erst am nächsten Tag losfliegen, schaffen wir es zwar vielleicht noch bis zur Hokiangabucht, aber nicht mehr rechtzeitig, um mit dem Mietwagen die letzte Fähre zu erreichen, die über den Fjord zu unserem Cottage fährt.

Ich versuche es mit südamerikanischer oder wahlweise neuseeländischer Gelassenheit und zucke mit den Achseln. »Ein deutsches Weihnachten kriegen wir hier eh nicht hin«, sage ich zu meinem Mann und blättere hektisch durch den Reiseführer. »Lass uns doch etwas ganz anderes machen.«

Also stehen wir Heiligabend mit Wanderschuhen, Outdoorjacken und Taschenlampen ausgestattet vor Wiremu Mattu, einem Maori-Reiseführer. Am Tag zuvor, bei unserem Zwangsaufenthalt in Wellington, haben wir uns nicht nur mit neuen Weihnachtsgeschenken für die Kinder eingedeckt, sondern auch das Te Papa Tongarewa besucht. In dem neuseeländischen Nationalmuseum haben wir uns traditionelle Gebäude, Schmuck und Waffen der neuseeländischen Urbevölkerung angeschaut. Nun wollen wir ihre Geschichten hören. Dazu begleiten wir den Maori-Guide auf einer

Nachtwanderung durch den Waipoua Forest südlich der Hokiangabucht.

Gemächlich stapfen wir im Gänsemarsch hinter Wiremu her.
Das Kind fuchtelt aufgeregt mit der Taschenlampe rum. Das Baby
schlummert friedlich in seinem Tragetuch ein. Mein Mann und
ich bewundern die Kauribäume, uralte Kolosse, die sich bis zu 50
Meter hoch in den Himmel strecken. Wiremu erzählt uns, dass
drei Viertel aller Kauribäume in dieser Gegend wachsen. Er singt
Maorilieder, betet zu den Bäumen, zeigt uns die eng zusammen-
gewachsenen »Vier Schwestern«, eine Kauribaum-Gruppe, zu der
uns ein hölzerner Pfad führt.

Als wir vor dem mehr als 50 Meter hohen Tane Mahuta, dem
»Lord of the Forest«, stehen, auf dessen Stamm und Ästen mehr
als 30 verschiedene andere Pflanzenarten wachsen, erzählt uns
Wiremu die Schöpfungsgeschichte. Nicht die biblische, wie wir sie
kennen, sondern die der Maori:

Tane, der Gott des Waldes, ist der Sohn von Vater Himmel und
Mutter Erde. Seine Eltern hielten sich seit ewigen Zeiten eng um-
schlungen, sodass auf der Erde Finsternis herrschte und kein Leben
möglich war. Doch Tane drückte sie auseinander und brachte so
Raum, Licht und Luft zum Atmen auf die Erde. Ihm ist alles Leben
auf der Erde zu verdanken. Und er ist der Herr der Wälder, da die
Bäume seine Kinder sind und Himmel und Erde mit ihren Wurzeln
und Kronen weiterhin voneinander trennen.

»Dieser Baum«, erzähle ich dem Kind, nachdem ich ihm die
Geschichte übersetzt habe, und zeige auf das mächtige Gewächs
vor uns, »wurde nach dem Gott des Waldes benannt.«

Gebannt blickt unsere Tochter auf den riesigen Kauribaum.
Dann wendet sie sich Wiremu zu und fordert: »Mehr Geschichten!«

Er erzählt ihr die Geschichte vom Kiwi. »Eines Tages«, beginnt
er, »hat sich der Herr des Waldes an die Tiere gewandt. ›Ungeziefer

frisst die Wurzeln meiner Kinder, der Bäume, an. Wer von euch hilft ihnen?‹ Kein Vogel war bereit, die Kronen der Bäume zu verlassen, sodass der Herr der Wälder sehr zornig wurde. Da trat der Kiwi vor und bot seine Hilfe an. Doch um den Bäumen zu helfen, musste er auf seine guten Augen und seine starken Flügel verzichten. Denn er muss flugunfähig am Boden verharren und nachts Würmer und Insekten aus dem Waldboden herauspicken. Ein Opfer, das er gerne in Kauf nahm, um die Bäume zu retten.«

»Als Dank dafür«, erklärt Wiremu unserer Tochter, »wurde er der berühmteste Vogel des Landes, und die Neuseeländer selber haben sich nach ihm benannt: Kiwis.«

»Ich möchte gerne einen Kiwi sehen«, fordert das Kind.

»Oha«, sage ich.

Die nachtaktiven Tiere sind eher scheu und nicht häufig anzutreffen. Vor allem nicht dann, wenn man mit einem Kind unterwegs ist, das in jede Erdhöhle »Kiiiiiiwiiii!?« hineinruft. Immerhin hören wir an diesem Abend in der Ferne einen Kiwiruf.

Schließlich besuchen wir noch den Te Matua Ngahere, den »Vater des Waldes«, einen weiteren Baumgiganten mit einem Stammumfang von mehr als 16 Metern. Seit 3000 Jahren steht er bereits hier. Ehrfürchtig blicken wir den Baum hinauf.

»Wow«, sagt mein Mann. »Da kann wirklich kein Weihnachtsbaum mithalten.«

Vor allem nicht der kleine Plastikbaum, der am nächsten Morgen zwischen uns steht, umrahmt von Geschenken. Es ist der 25. Dezember, der Tag, an dem in Neuseeland traditionell die Bescherung stattfindet. Wir sitzen in einem kleinen Camperbus, den uns die Autovermietung am Flughafen am Vortag kurzfristig ausgehändigt hatte. Statt selbst gebackener Weihnachtsplätzchen gibt es gegrillte Marshmallows, die bei neuseeländischen Kindern sehr beliebt sind. Das Baby präsentiert uns als Geschenk seinen ersten Zahn. Das Kind rupft Geschenkpapier auseinander und freut sich über das aufblasbare Wasserspielzeug, das es später am Strand ausprobieren will.

»Wollen wir nächstes Jahr wieder so Weihnachten feiern?«, fragt meine Tochter und strahlt.

»Hier in Neuseeland?« Ich nicke begeistert.

»Gemach«, sagt mein Mann.

Dann fahren wir los. Zu unserem Cottage – und zu einem Blind Date, das uns dort schon erwartet.

Das Blind Date haben wir dem Blog zu verdanken, den ich während der Reise schreibe. Die Leute, die den Blog lesen, schreiben uns manchmal. Wir finden also nicht nur die E-Mails von den Lieben daheim vor. Sondern auch von anderen Leuten, die über alle erdenklichen Pfade auf unsere Reiseberichte gestoßen sind.

Das Anliegen dieser Leute ist recht unterschiedlich. Manche wollen wissen, welche Kamera wir benutzen oder von welcher Marke das Reisebettchen des Babys war, das leider in Chile abhandengekommen ist. Wann wir unser Round-the-World-Ticket gebucht haben. Gegen was unsere Kinder geimpft sind. Andere geben uns Tipps. Wohin wir unbedingt fahren müssen. Wo es kinderfreundliche Campingplätze gibt. Welche Süßigkeiten welches Land zu bieten hat. Die meisten Absender sind reiselustige Familien wie wir.

Davon scheint es viele zu geben. Einige haben bereits eine Weltreise hinter sich, andere träumen noch davon oder planen sie gerade. Und ein ganzer Haufen ist wie wir bereits unterwegs. Vor allem in Neuseeland, dem Mekka reisender Familien, wie mir scheint.

»Kann es sein, dass wir Euch heute zufällig an der Ampel in Nelson gesehen haben«, schrieb eine Leserin, als wir vor zehn Tagen gerade die neuseeländische Südinsel bereisten. Ja, hatte sie. »Wir sind berühmt«, sagte ich zu meinem Mann. »Wir werden in Neuseeland schon auf der Straße erkannt.«

Außerdem bekommen wir Fotos von anderen reisenden Familien. Etwa von drei Kindern, die in der bolivianischen Salzwüste herumhüpfen.

»Da fahren wir auch hin, Mama, ja?«, fragt unsere Tochter.

Das Baby, angesteckt von seiner Schwester, patscht begeistert in die Hände.

»Klar«, sage ich. »Auf unserer nächsten Weltreise.«

»Gemach«, mahnt mein Mann.

Manchmal empfangen wir auch Einladungen von ausgewanderten Deutschen – in Argentinien, Neuseeland, Australien, Singapur. Und manchmal treffen wir jemanden, mit dem wir bislang in Mailkontakt standen. Sozusagen ein Blind Date. Eines hatten wir bereits in Chile mit einem deutschen Auswanderer und seinem Sohn. Nun steht das nächste an. Mit einer vierköpfigen deutschen Familie, mit der wir seit einigen Wochen in Mailkontakt stehen.

»Wir können uns in Kohukohu treffen, wo wir über Weihnachten ein großes Cottage gemietet haben«, schrieb ich der anderen Familie vor ein paar Tagen. Im Gegensatz zu uns hatten sie nicht Monate vorher eine Unterkunft für Weihnachten vorgebucht und hatten nun Schwierigkeiten, etwas zu finden. Zum Glück, das hatte ich schon bei der Buchung im Internet gesehen, ist unser Cottage riesig. Neben Wohnzimmer und Küche verfügt es über drei Schlafzimmer. Genug Platz für zwei Familien.

»Die andere Familie macht auch eine Weltreise, wie wir«, erkläre ich meiner Tochter, als wir die Fähre über den Fjord verlassen, um die letzten Kilometer zum Cottage zurückzulegen. »Sie waren vor Neuseeland schon in den USA, auf Hawaii und auf den Cook Islands.«

»Fahren wir da auch noch mal hin, Mama?«, fragt das Kind.

»Klar«, sage ich. »Auf unserer nächsten Weltreise.«

»Gemach«, mahnt mein Mann.

Unser Blind Date entpuppt sich als ein Glücksgriff. Bei unserer Ankunft, am frühen Nachmittag des ersten Weihnachtstags, empfängt uns der Duft von frisch gebackenem Brot und Kuchen. Zwei kleine Mädchen, etwa im Alter unserer Kinder, laufen uns entgegen. Und das Wohnzimmer des Cottages ist tatsächlich weihnachtlich geschmückt.

Doch noch ein richtiges Weihnachtsfest, denke ich. Mit Dekoration, leckerem Essen und netten Menschen. Denn die andere Familie ist uns sofort sympathisch. So sehr, dass sie statt der geplanten Überlappung von einer Nacht (und den zwei Nächten, die sie aufgrund des gestrichenen Fluges vor uns da waren) drei weitere Tage bei uns bleiben.

Die Kinder spielen und spielen und spielen. Wir Erwachsenen können reden. Darüber, dass es natürlich ganz schön anstrengend sein kann, monatelang 24 Stunden am Tag zusammen zu sein. Aber auch toll. Dass es nett ist, für einige Zeit an einem Ort zu bleiben, um einfach mal innezuhalten und sich mit anderen zu unterhalten, denen es ähnlich geht. Außerdem, so stellen wir fest, haben andere Kinder und Erwachsene den angenehmen Effekt, dass jeder einmal eine Pause einlegen und etwas Eigennütziges machen kann, ohne dass der andere alleine mit den Kindern zurückbleibt. Und dass man sich nicht nur als Familie um sich selbst dreht, sondern mal wieder Input von außen hat. Die andere Mutter und ich führen Frauengespräche, die Männer gehen gemeinsam spazieren. Während zwei von uns auf die Kinder aufpassen, können die anderen zwei etwas ohne den Nachwuchs unternehmen.

Als wir uns nach drei Tagen – vorerst – voneinander verabschieden, kommt es uns vor, als würden wir uns schon ewig kennen. Die andere Familie möchte nun auch die Kauribäume besuchen. Wir bleiben noch ein paar Tage im Cottage. Doch danach, so verabreden wir uns, wollen wir uns wiedertreffen. Am Ninety Mile Beach an der obersten Spitze Neuseelands, wo wir mit den Kindern für ein Mittagessen Muscheln suchen wollen, die sich im Sand vergraben haben. Und zwei von uns Erwachsenen reiten gehen wollen. Wo wir uns wieder darüber austauschen können, was wir am liebsten tun, nämlich reisen. Aber uns auch darauf freuen, in der Ferne Freunde wiederzutreffen.

Zu Gast bei Drachen, Hobbits und Feen

Oder: Wie verkauft man dem Nachwuchs typische Erwachsenen-Highlights kindgerecht?

Wir machen eine Weltreise. Durch England, Italien, die USA. Zu Fuß. Nur ein paar Schritte trennen uns von China.

»Wann sind wir endlich in Neuseeland?«, will unsere Tochter wissen.

»Das liegt gleich dort, hinter der Hecke«, sagt mein Mann.

Wir spazieren durch die internationalen Gärten in Hamilton, durch europäische, asiatische und ozeanische Gartenanlagen. Hamilton in Neuseeland, wo wir nun schon seit fast sechs Wochen sind. Wir kurven mit dem Kinderwagen um Hecken und Tümpel herum. Dann sind wir im neuseeländischen Teil des Parks angekommen. Im Te Parapara, einem traditionellen Maorigarten, kann man grimmig blickende Figuren, kunstvolle Tore, baumhohe Zäune bewundern. Als Erwachsener zumindest. Die Augen des Babys werden immer kleiner. Das Kind gähnt.

»Wir machen hier eine Weltreise in der Weltreise«, erkläre ich meiner Tochter. Sie nickt begeistert – und sieht sofort wieder munterer aus.

»Ah«, sagt mein Mann wissend, »du übersetzt wieder.«

Übersetzen bedeutet in diesem Fall: Von Hochdeutsch in Kindersprache. Wer mit Kindern reist, muss so manche Sehenswürdigkeit in klangvolle Worte verpacken. Etwa: »Ein Prinzessinnenschatz« statt »Goldschmiedekunst aus dem 18. Jahrhundert« in einem Museum. Oder eben eine »Weltreise in der Weltreise« statt »Parkanlage« in Hamilton.

Die Weltreise in der Weltreise haben wir Jörg zu verdanken. Er und seine Frau Kirsten, deutsche Auswanderer, sind unsere Gastgeber in Hamilton. Wir haben bei ihnen geschlafen, gegessen und getrunken. Wir haben uns die Stadt zeigen lassen und die halbe Nacht miteinander geredet. Bezahlt haben wir für all das nicht. Denn wir sind wieder als Couchsurfer unterwegs.

»Wir übernachten bei netten Leuten, ohne zu bezahlen«, übersetze ich meiner Tochter. »Wie bei Freunden.«

Jörg und Kirsten beherbergen regelmäßig Couchsurf-Gäste, oft aus Deutschland. Manche davon haben Jörg angeschrieben, andere hat er sich selber ausgesucht – so wie uns. Er hat unser Gesuch auf der Couchsurfing-Website gesehen und uns eingeladen. »Fernreise mit Kindern«, sagt er, »das hörte sich spannend an.«

Wir hingegen finden es spannend, was deutsche Auswanderer zu erzählen haben. Die Jobs, erzählen uns unsere Gastgeber, würden in Neuseeland besser bezahlt werden und seien nicht annähernd so stressig wie in Deutschland. Ein großes Haus, wie jenes, das sie in Hamilton bewohnen, hätten sie sich in Deutschland nicht leisten können. Überhaupt, so bestätigen sie unsere Beobachtung, wären die Kiwis, also die Neuseeländer, extrem *relaxed*. Das mache das Leben in dem Inselstaat sehr angenehm.

Auch ich hege gleich wieder Auswanderungspläne. Nur: Neuseeland ist wirklich extrem weit weg von Deutschland. Und mit einem Zeitunterschied von zwölf Stunden wird es sogar schwierig, miteinander zu telefonieren oder per Skype zu kommunizieren. Will man nach Hause fliegen, ist man einen Tag und eine Nacht unterwegs. Weiter weg geht fast nicht.

Wahrscheinlich hätten wir uns im Falle einer Auswanderung auch nicht Hamilton ausgesucht. Obwohl die Parkanlage, in der wir die Weltreise in der Weltreise erleben, wirklich ein bezaubernder Ort ist. »Hamilton ist eher eine Durchreisestadt«, erklärt uns Jörg. »Von hier aus fahren die Leute weiter nach Rotorua, Matamata, Waitomo.«

Unsere Tochter blickt gelangweilt drein. Also übersetze ich: Zu Vulkanen, zu Hobbits, zu Glühwürmchen. Ihr Gesicht strahlt.

»Vielleicht hätte ich statt Journalistin Übersetzerin werden sollen«, sage ich zu meinem Mann.

Wir sind nun schon mehr als drei Monate unterwegs. Rund um die Uhr bin ich mit meinen Kindern zusammen. Das schult – auch in puncto Kindersprache. Manchmal genügt ein Wort, um etwas ins Kinderdeutsche zu übersetzen, manchmal sind ganze Geschichten fällig. Manchmal muss man Dinge erfinden, manchmal einfach weglassen. Etwa in Rotorua, einem Kurort im Zentrum eines sehr aktiven Thermalgebiets. Eigentlich der perfekte Ort für Kinder. Es gibt Geysire, die meterhoch in den Himmel schießen. Vulkankrater schwarz wie die Nacht. Blubbernde Schlammlöcher, quietschgelbe, stinkende Schwefelquellen. Aber: Das meiste kann man nur während eines ein- bis zweistündigen Spaziergangs entdecken. Da kann es noch so viel brodeln und zischen, über kurz oder lang wird es den Kindern langweilig.

Das Baby schläft umgehend im Tragetuch ein. Das Kind fragt, wie lange der Spaziergang noch dauert. Mein Mann, der Ingenieur, dessen Kinderdeutsch-Übersetzungen noch verbesserungswürdig sind, versucht es wissenschaftlich. Er redet von Vulkanausbrüchen und Erdspalten, erwähnt Mineralien, die das Wasser färben. Ich unterbreche ihn. »In so einer Gegend«, erzähle ich meiner Tochter, »fühlen sich Drachen sehr wohl.« Drachen sind hoch im Kurs bei ihr, seit wir ihr auf dem E-Book-Reader die Geschichte von »Jim Knopf« vorgelesen haben, der in eine Drachenstadt vordringt.

Wir wandern an Kratern und dampfenden Erdspalten vorbei, an brodelnden Bächen und blubbernden Seen. Ich erzähle von schüchternen Drachenkindern, die sich nicht trauen, Feuer zu spucken, von Drachenschulen, Drachenhäusern. Am Ende des Spaziergangs ist meine Tochter ganz enttäuscht, dass wir schon wieder weiterfahren.

Auch in Matamata, dem nächsten Ziel unserer Reise, kommen wir privat unter, bei Susan, einer Englischlehrerin, Mitte 50. Sie ist ein bisschen aufgeregt. Wir sind ihre ersten Couchsurfer-Gäste. »Ich habe hier viel Platz«, erklärt sie, »und freue mich über Abwechslung.« Sie hat Tee aufgegossen und Blätterteigpastete gebacken, die sie uns warm serviert. »Matamata besuchen die meisten nur wegen Hobbiton (deutsch: Hobbingen)«, sagt sie.

Sie hat recht. Auch wir sind gekommen, um das berühmte Filmset zu besuchen, wo die »Herr der Ringe«-Trilogie und der »Hobbit«

gedreht wurden. Die Filmreihe ist abgedreht, geblieben sind die Kulissen von Hobbingen. Aber als erfahrene Kinderdeutsch-Übersetzerin weiß ich, wann es besser ist, Dinge zu verschweigen. Unsere Tochter ist vier. Sie glaubt noch an den Weihnachtsmann, an den Osterhasen, an die Schnullerfee. Nun glaubt sie auch an Hobbits. Wir verschweigen ihr also, dass es sich um ein Filmset handelt. Für sie sind Hobbits nun so etwas wie Kiwi-Vögel. Seltene, scheue Geschöpfe, die man tagsüber kaum antrifft.

»Hooooobit, wo bist du?«, ruft sie und läuft um ein Häuschen mit einer kreisrunden, gelben Tür herum. Während sie entzückt durch die Mini-Welt läuft und sich auf kinder- beziehungsweise hobbitgroße Bänke setzt, schauen mein Mann und ich, was wir aus den Büchern und Filmen wiedererkennen. Tatsächlich gibt es alles, was zu dem kleinen Dorf dazugehört, das der Schriftsteller J. R. R. Tolkien in seinen Werken beschrieben hat: 44 eigenartige Häuschen, gerade einmal mannshoch, die sich in grüne Hügel schmiegen. Gärtchen, von wackeligen Zäunen und Steinmauern umfasst. Eine Wassermühle an einem See und der »Grüne Drache«, eine Schenke mit runden Fenstern und Türen, die sich ebenso wie die Hobbit-Behausungen in die Landschaft hineinduckt.

Wir sind natürlich nicht die einzigen Besucher. In der Hauptsaison, erklärt uns ein Angestellter, empfange das Filmset bis zu 1700 Menschen am Tag. Die meisten, die das rund 20 Hektar große Areal besuchen, sind natürlich Fans. Jugendliche, die wie die Hobbits im »Grünen Drachen« einkehren möchten. Paare, die sich auf der Festwiese unter den tief hängenden Ästen einer markanten Monterey-Kiefer fotografieren lassen. Filmliebhaber, die sich gegenseitig aufmerksam machen, wenn sie Details, etwa eine Vogelscheuche oder ein mit künstlichem Moos überzogenes Straßenschild, entdecken, das sie aus dem Film kennen. Und natürlich Eltern mit Kindern. Wie wir.

Meine Familie ist begeistert: Mein Mann, der als Kind die Bücher verschlungen hat, bewundert Beutelsend, das Haus von Bilbo und Frodo Beutlin, den Hauptprotagonisten von Tolkiens Geschichten. Ich mache Fotos von kleinen, für Hobbits gedachte Anziehsachen, die neben einem Häuschen auf einer Wäscheleine flattern. Das Baby rupft Blumen in einem Hobbit-Vorgarten. Und das Kind fegt mit einem kniehohen Reisigbesen das Pflaster. »Die

Hobbits sind nur arbeiten«, erklärt es uns. »Heute Abend, wenn alle Leute weg sind, kommen sie wieder heim.«

Am Ende der Tour suchen wir noch den »Grünen Drache« auf. »Besucht die Kneipe«, hatte unsere Gastgeberin Susan uns geraten, »und probiert das Ingwerbier!« Das käme aus einer neuseeländischen Brauerei und wäre besonders gut.

Ingwerbier, allerdings aus dem Supermarkt, gibt es auch bei Marcus und seiner Familie, unseren nächsten Gastgebern. Auf ihrer roten Couch finden wir kaum Platz, weil sie über und über mit Spielsachen übersät ist – von Marcus' vierjähriger Tochter und dem zweijährigen Sohn. Unsere Kinder sind begeistert, mein Mann und ich schauen uns leicht verzweifelt um. In dem Haus in Kihikihi, wo wir in der Nacht nach unserem Hobbit-Besuch übernachten dürfen, gibt es kein eigenes Gästezimmer. Dafür ein paar Matratzen, die wir ins Wohnzimmer legen können. Wenn da nur Platz wäre.

Abends schaufeln wir kurzerhand die Spielsachen zur Seite und legen uns hin. Unsere Kinder haben rote Wangen vor Aufregung. Denn Haus und Garten unserer Gastgeber entpuppten sich wie Ferien auf dem Bauernhof. Es gibt Kühe, Ponys, Schafe, Hühner und Tickles, einen anhänglichen Manchester-Terrier, der beharrlich Quartier auf unseren Matratzen sucht. Abends essen wir gemeinsam Fish 'n' Chips. Der Hund lauert unter dem Tisch und wartet auf Pommes, die Kinderhände auf den Boden fallen lassen.

Als wir uns am nächsten Morgen verabschieden, gibt uns Familienvater Marcus noch einen Tipp mit auf den Weg – einen Tier-Tipp. »Fahrt nach Waitomo«, rät er uns. »Dort gibt es Höhlen, in denen ihr Abertausende Glowworms bestaunen könnt.« Ein Ratschlag, den uns schon Jörg, unser deutscher Gastgeber, mit auf den Weg gegeben hatte.

Nach einer halbstündigen Autofahrt kommen wir am Ziel an. Die Eintrittspreise von neuseeländischen Sehenswürdigkeiten sind ganz schön teuer. In Rotorua, aber vor allem in Hobbingen. Allerdings: Wenn man schon einmal da ist, will man natürlich auch die Highlights eines Landes sehen. Auch ein Grund, warum wir tagelang couchsurfen waren. Das Geld, das wir an den Übernachtungen gespart haben, geben wir für Sehenswürdigkeiten aus.

Wie jetzt, um die Waitomo Caves zu besuchen, ein Labyrinth aus

Hohlräumen, Karsttrichtern und Flüssen, das sich rund 200 Kilometer südlich von Auckland unter den grünen Hügeln Neuseelands verzweigt. Über Jahrtausende hinweg haben unterirdische Wasserströme Tunnel und Hohlräume aus dem weichen Kalkgestein gewaschen, die heute teilweise Besuchern offen stehen. Wir laufen hinter einer Reiseführerin durch eine Tropfsteinhöhle, bewundern Stalagmiten und Stalaktiten, steile Felswände, enge Tunnel. Dann setzen wir uns in ein Boot und gleiten auf einem unterirdischen Fluss ins Dunkle hinein. Hoch über unseren Köpfen funkeln die Glowworms wie die Sterne am Nachthimmel.

Ich übersetze wieder, diesmal vom Englischen ins Deutsche, das, was die Reiseführerin uns erklärt: Glowworms sind keine Glühwürmchen, zitiere ich sie. Glowworms sind Pilzmückenlarven, Glühwürmchen sind Käfer. Beide glühen zwar im Dunkeln, sind sonst aber nicht weiter miteinander verwandt. Und: Beide sind keine Würmer.

»Warum heißen sie dann Würmer?«, will unsere Tochter wissen.

Ich muss nachdenken. Pilzmückenlarven-Höhlen würde wahrscheinlich kein Mensch besichtigen. »Weil Erwachsene manchmal etwas so übersetzen«, sage ich ihr, »damit es netter klingt.«

Unsere Tochter blickt irritiert drein. »Warum?«, fragt sie.

»Tja«, sage ich, »das macht das Leben einfacher.«

Dem Kind ist es egal, ob es Mückenlarven oder Käfer sind, die da so hübsch leuchten. »Vielleicht«, sagt es, »sind das ja Feen.«

Nach dem Ausflug werfen mein Mann und ich eine Münze. Marcus' Geheimtipp war es, in Waitomo an einer sogenannten Black Water Rafting Tour teilzunehmen. »Unvergesslich«, hatte er geschwärmt. Aber leider nicht für Kinder geeignet. Denn dabei treiben die Teilnehmer drei Stunden lang auf Schwimmreifen durch eine unterirdische Höhle. Die Münze fällt zu meinen Gunsten.

Meine Familie geht zum Mittagessen in ein Restaurant, ich zwänge mich in einen nassen Neoprenanzug und setze mir einen Helm auf. Dann paddele ich, angeführt von zwei Studenten, in einem riesigen Schwimmreifen durch die steinerne Unterwelt. Mit dem Hintern im Loch des Reifens oder – kindersprachlich ausgedrückt – wie ein Käfer, der auf dem Rücken liegt.

Wir durchfahren Stromschellen, springen Wasserfälle herunter, kurven um niedrig hängende Stalaktiten herum. Über uns funkeln die Lichter von Abertausenden Glowworms, die die Höhlendecken in glitzernde Galaxien verwandeln. Feen, denke ich im Stillen und muss lächeln. Das hört sich tatsächlich viel hübscher an als Pilzmückenlarven. Nach Monaten intensiver Familienzeit beginne ich schon in Kindersprache zu denken.

Am Abend unseres Höhlentags erreichen wir wieder Auckland. Hier hat unsere Neuseelandreise begonnen, hier endet sie wieder. Wir checken in einer kleinen Ferienwohnung ein. Das Baby robbt interessiert über den Teppich und versucht, sich den Saum des Vorhangs in den Mund zu stopfen. Mein Mann und ich entdecken begeistert eine Waschmaschine und einen Trockner, die sich in einer Abstellkammer verbergen. Damit können wir uns für die Weiterreise rüsten.

Nur das Kind schaut etwas verwundert drein. Suchend läuft es durch die Ferienwohnung. Wir haben Weihnachten mit einer deutschen Familie gefeiert. Und Silvester mit holländischen Auswanderern verbracht, die eine Tauchschule im Goat Island Marine Reserve besitzen. Zum neuseeländischen Jahreswechsel gab es Lagerfeuer, Wunderkerzen, gegrillte Marshmallows und Spielkameraden für die Kinder, zum deutschen (zwölf Uhr mittags in Neuseeland) waren wir mit anderen Familien schnorcheln. Danach sind wir tagelang bei Couchsurfing-Gastgebern untergekommen. Wir waren ständig unter Leuten. Nun sind wir wieder allein. Fragend blickt das Kind mich an, nachdem es in jedes Zimmer geschaut hat. »Wo sind denn hier die Couch-Leute?«, will es wissen.

Wir machen nicht nur eine Couchsurf-Pause, sondern auch eine kleine Übersetzungspause. Das, was wir an einem unserer letzten Tagen in Neuseeland unternehmen, begeistert das Kind auch in Erwachsenensprache: Wir gehen segeln.

»Wer Auckland besucht«, meinte mein Mann nach Lektüre des Reiseführers, »muss unbedingt segeln gehen.« Schließlich trage Auckland den Beinamen »Stadt der Segel«. Ein eigenes Schiff zu chartern ist ganz schön teuer. Aber, so hatten uns unterwegs andere Reisende erzählt, das »Voyager Maritime Museum« im Stadtzentrum organisiere Segeltouren durch den Hafen. Also gehen wir an Bord und lassen uns den Wind durch die Haare pusten. Am Ufer präsentieren sich der 328 Meter hohe Sky Tower, der aus der Stadtsilhouette Aucklands hervorsticht, das frisch herausgeputzte Stadtviertel Wynyard Quarter, in dessen alten Lagerhallen schicke Restaurants gezogen sind, und die geschwungene Auckland Harbour Bridge, die sich über den Hafen spannt. Wir sehen eine historische Straßenbahn, die an der Küste entlangtuckert, ein Infozentrum, das wie ein Stapel gefährlich aufgetürmter Schiffscontainer aussieht, und einen Wasserspielplatz am Hafen, den wir später aufsuchen wollen.

Der Kapitän zeigt unserer Tochter, wie man die Segel setzt. Das Baby beäugt ein historisches Dampfschiff, das an uns vorbeifährt und dessen Schiffshorn über das Wasser schallt. Ich bemerke einen Bungeejumper, der von der Auckland Harbour Bridge stürzt. Mein Mann pfeift fröhlich vor sich hin.

Während unser Nachwuchs der Crew zur Hand geht – das Kind durch Anreichen von Tauen, das Baby durch aufmunterndes Klatschen –, sinnieren mein Mann und ich über unseren Aufenthalt in Neuseeland, der nun zu Ende geht.

Oft waren es die ungeplanten Dinge, die uns auf den beiden großen Inseln begeistert haben: Neue Freunde, mit denen wir eine schöne Zeit verbracht haben. Eine Pipipause bei Kawakawa, bei der wir unverhofft auf eine von dem Künstler Hundertwasser gestaltete Toilette stießen. Ein Preisausschreiben in einem Restaurant, das uns eine Delfinbeobachtungstour im Küstenort Paihia bescherte.

»In Australien lassen wir die Dinge auch einfach auf uns zukommen«, sagt mein Mann. Noch bevor ich antworten kann, unterbricht uns das Baby. »Mamama«, brabbelt es, »Papap.« Mein Mann und ich schauen uns begeistert an. Das Kind mischt sich ein. »Das«, übersetzt es uns, »heißt in Erwachsenensprache Eltern«.

Auf Klischeesuche
durch Australien

Oder: Offen sein für Neues – auch Eltern
können von Kindern lernen

Jedes Land verbindet man mit Klischees. Wir Deutschen beispielsweise gelten im Ausland als pünktlich, pflichtbewusst und leider recht humorlos. Angesprochen auf deutsche Sehenswürdigkeiten, nennen ausländische Bekannte häufig zunächst »The Wall« (Berliner Mauer), »Octoberfest« und »Heidelbööörg«. Man meint, wir süffeln zu jeder Tages- und Nachtzeit Bier, die Bratwurst in der Hand und das Dirndl beziehungsweise die Lederhose am Leib. Letzteres glaubt man zumindest noch in der amerikanischen Provinz, wo ich als Studentin ein paar Monate zubrachte. Es ist gewiss auch ein Klischee, dass Amerikaner Oktoberfestimpressionen gerne mit Deutschland gleichsetzen.

Denken wir an die Schweiz, kommen uns Berge, Uhren, Taschenmesser und Schokolade in den Sinn. Italien assoziiert man mit italienischen Mamas, Pasta und lieblich anzusehenden Städten. Belgien hingegen mit Pralinen, Diamanten und Brüssel. Und Japan mit Geishas, Kirschblüten und Sushi.

Wir haben Australien erreicht, die nächste Etappe unserer Tour. Und vor Beginn der Reise hatten wir uns natürlich Gedanken zu dem Land gemacht.

»Great Barrier Reef, Ayers Rock, Aborigines«, fielen meinem Mann als Erstes ein.

Drei sicherlich sehr prägende Aspekte des Landes, die wir aber wohl nicht zu Gesicht bekommen, da sie mit Kleinkindern nicht gut zu erkunden (Tauchausflüge im Great Barrier Reef), zu weit weg von unserer Route (Ayers Rock, wo zudem im Januar Temperaturen herrschen sollen, die man Kindern nicht zumuten möchte) oder an der Ostküste Australiens nicht so häufig anzutreffen sind (sieht man von den sehr assimilierten Aborigines in den Großstädten ab).

»Kängurus!«, fiel dem Kind ein.

»Giftige Schlangen und Spinnen«, befürchtete ich.

»Gäh«, äußerte sich das Baby, das mit Klischees noch nicht so viel am Hut hat.

»Es will auch Tiere sehen«, erklärt uns seine Schwester als souveräne »Kinder-Erwachsenen-Sprache-Übersetzerin«.

Tiere, weder süße noch giftige, werden wir in Melbourne, unserem Ankunftsort, wohl nicht antreffen. Für die Stadt fiel mir vor der Reise kein Klischee ein. Sie war ein weißes Blatt für mich. Also versuche ich, das, was ich da zu Gesicht bekomme, irgendwie einzuordnen – und das ist ganz schön bunt durchmischt: Melbourne ist afrikanisch. Der Taxifahrer, der uns vom Flughafen wegfährt, ist Somalier. Die Hitze, sagt er, sei wie in Afrika. In den nächsten Tagen wird es heiß, 40 Grad seien angekündigt.

Melbourne ist indisch. Unsere Couchsurf-Gastgeber, bei denen wir die ersten drei Tage auf dem Kontinent verbringen, stammen aus Indien. Seit fast zehn Jahren leben sie in Australien, haben ein großes Haus und zwei Kinder. »Spielen!«, jubelt das Kind und packt die Gastgebertochter bei der Hand. Spielzeug!, denkt sich das Baby und krabbelt zwischen Bällen, Ringen und Kuscheltieren umher. Die Gastgebertochter spricht perfekt Englisch, tanzt aber gerne zu indischer Musik. Will sie Zustimmung ausdrücken, wackelt sie leicht mit dem Kopf, wie es die Menschen in Indien tun. Aus europäischer Sicht sieht es eher wie ein unentschlossenes Nein-Sagen aus. Unsere Tochter bringt ihr einige deutsche Wörter bei. Dafür möchte sie ein paar Sätze auf Englisch lernen – und ein paar indische Tanzbewegungen.

»Man sieht uns hier nicht als Inder, sondern als Australier an«, erzählt uns indes Joseph, der Familienvater. »Wenn die Aussies feststellen, dass du es ernst meinst und dauerhaft in ihrem Land bleiben möchtest, akzeptieren sie dich sofort als Landsmann.«

»Mmh«, sagt mein Mann. »In Deutschland ist das etwas anders.«

Dabei ist auch Melbourne ein wenig deutsch. »Altona« steht auf dem Bahnsteig, wie der Hamburger Stadtteil. Unsere Gastgeber wohnen außerhalb der Stadt in einem Vorort: Haus neben Garage neben Vorgarten neben Haus. In die Stadt fährt man hier mit dem Auto. Oder, wenn man unmotorisiert ist wie wir, mit dem Zug. »Next Arrival: Altona.« Es gibt auch den Vorort Heidelberg (»Heidelbööörg«), erklärt uns Joseph.

Melbourne ist britisch. Wir spazieren durch die Stadt. Unsere

Tochter spielt »nicht auf die Linien treten«. Sie hüpft von Platte zu Platte auf dem Gehsteig, immer darauf bedacht, keine Rille zu berühren. Plötzlich tauchen neben ihr große Füße auf. Sie hüpfen von Ritze zu Ritze, spielen »nur auf die Linien treten«. Die Füße gehören Russell, dem Portier vom Hotel Windsor. »1883 eröffnet, das älteste Nobelhotel Australiens«, erklärt er uns. Hier haben Könige übernachtet, Premierminister und Harry-Potter-Darsteller Daniel Radcliffe. *Very british*. Russell ist ein Schatz. Obwohl wir keine Gäste sind, besteht er darauf, uns herumzuführen. Und gibt uns Tipps, wo in der Stadt man die besten Pfannkuchen essen kann. Dreimal kommen wir in den nächsten Tagen am Hotel Windsor vorbei. Jedes Mal winkt uns Russell freudig zu und spielt mit unseren Mädchen. Die Große hat von der Tochter unserer Gastgeber gelernt »*howdy*« zu sagen – wie sich die Australier begrüßen – und »*bye-bye*«. Russell lobt sie für ihre Englischkenntnisse.

Melbourne ist chinesisch. In Chinatown hängen orangerote Papierlampen, die Schilder tragen chinesische Schriftzeichen, asiatische Restaurants reihen sich aneinander, Katzenfiguren winken aus den Schaufenstern. Das Kind entdeckt, dass ihm chinesische *dumplings*, mit Fleisch, Gemüse oder Käse gefüllte Teigtaschen, die frittiert oder gedämpft werden, gut schmecken. Auch das Baby knabbert mit großen Augen am Teigrand der *dumplings* rum. Ich halte Ausschau nach Jade-Souvenirs. Mein Mann nach einem raschen Fluchtweg aus dem Jade-Souvenir-Geschäft.

Melbourne ist australisch. International halt. Das erklären uns die Exponate im Immigration Museum. Auswanderer berichten von ihrem Leben in Australien. Was sie dort hingeführt hat, wie es ihnen gefällt. Im Museum gibt es ein Ferienprogramm für Kinder. Meine Tochter malt und bastelt, ich hege Auswanderungspläne. Es gibt auch eine Klimaanlage, die uns vor den afrikanischen Temperaturen draußen bewahrt.

Melbourne ist bunt zusammengewürfelt. Am Federation Square im Herzen der Stadt reihen sich alte Kirchen, spiegelglatte Hochhäuser, kubistische Bauten, hölzerne Hütten nebeneinander. Ich muss mehrmals hinschauen. Der Platz sieht aus, als hätte jemand aus einem Reisekatalog verschiedene Bilder ausgeschnitten und zu einer neuen, etwas merkwürdigen Collage zusammengeklebt. Sie passt in kein Klischee. Eine Stadt, die so einen Platz hat, denke ich, kann nur großartig sein. Dann fällt mein Blick auf etwas anderes.

»Free Hugs«, steht auf dem Schild mitten auf dem Platz. Also: »Kostenlose Umarmungen«. Dahinter: Zwei junge Frauen mit ausgestreckten Armen, bereit, jeden der vorbeischlendernden Passanten an sich zu drücken. Wie angewurzelt bleibe ich stehen. »Grundgütiger!«, sage ich zu meinem Mann. »Freie Umarmungen sind das Letzte, was ich jetzt brauche.«

Gehört habe ich davon schon. Von Kuschelpartys in New York. Von Leuten, die andere kostenlos umarmen. Von einem Kunstprojekt auf der Documenta, wo Körpernähe ohne sexuellen Hintergrund angeboten wird. Ich habe Artikel darüber gelesen, mal einen Bericht im Fernsehen gesehen. Es gelte, der zunehmenden Individualisierung und Vereinsamung etwas entgegenzusetzen. Oder – um wieder in Klischees zu sprechen – einsamen Singles in anonymen Großstädten Nähe zu schenken. Nur: Ich leide nicht unter körperlicher Einsamkeit, sondern unter körperlicher Dauerbeanspruchung.

Das Baby, das mir die ganze Nacht am Leib klebt, tagsüber getragen werden möchte, das an den Haaren zieht, sich an den Arm klammert, sein Gesicht in mein T-Shirt bohrt. Das Kind, das auf meinem Schoß rumzappelt, mir feuchte Küsse gibt, mich an der Hand mit sich zerrt. Es ist niedlich, rührend, erfüllend – sicherlich. Aber ganz ehrlich: Ich bin froh, wenn mir mal keiner auf der

Pelle hängt. »*Free Hugs*«, wiederhole ich kopfschüttelnd. Dann nehme ich das Kind an die Hand, das Baby auf den Arm – und flüchte.

Wir lassen nicht nur den Federation Square, sondern auch Melbourne hinter uns – im Wohnmobil, unserer neuen, alten Liebe. Sechs Wochen haben wir Zeit, um bis nach Sydney zu fahren, unserem Abflugort. Die Stadt liegt 1000 Kilometer weiter östlich, wenn man nicht dem direkten Weg querfeldein, sondern der Küstenstraße folgt. Doch wir fahren zunächst gen Osten, Richtung Adelaide. Westlich von Melbourne liegt nämlich die Great Ocean Road, eine berühmte Küstenstraße. Sie führt an Küstenabschnitten vorbei, die jedes Surferherz höher schlagen lassen, an schroffen Klippen, die wie steile Inseln aus dem Meer herausragen, an Hügeln, die von Urwald überwuchert sind, an Küstenorten, die aussehen wie eine perfekte Postkartenidylle. Die Australier nennen sie gerne »*one of the world's great scenic roads*«, also eine der schönsten Straßen der Welt. Davon wollen wir uns ein eigenes Bild machen.

Mit dieser Idee stehen wir nicht alleine da. 6,5 bis 7,5 Millionen Besucher, verrät mir Wikipedia, bereisen diese Strecke jährlich. Viele davon wie wir in der Hauptsaison, also im australischen Sommer während der bei uns so unfreundlichen Monate Januar und Februar.

Viele offizielle Campingplätze sind voll, an bekannten Sehenswürdigkeiten tummeln sich die Menschen. Neugierig betrachten wir die anderen Reisenden. Das Baby unterscheidet zwischen Mama, Papa, Schwester und allen anderen. Das Kind differenziert zwischen Reisenden mit Kindern und Reisenden ohne Kinder. Erstere werden noch einmal unterteilt in deutschsprachige und fremdsprachige. Mein Mann freut sich, wenn er nette Gesprächspartner findet. Die Deutsch sprechen oder Englisch. Meist Männer in seinem Alter wie die deutschen Familienväter, die wir auf der

Reise getroffen haben, oder einige unserer Couchsurfer-Gastgeber. Und ich halte wieder Ausschau nach Klischees.

Während unserer Reise habe ich eine kleine Typologie von Urlaubern erstellt: Alleinreisende Männer, die in einer Jugendherberge zu selbst zubereiteter Lammkeule mit Rosmarinkartöffelchen und in Butter geschwenktem Gemüse sowie Limonenparfait zum Nachtisch einladen, sind unter Garantie Franzosen. Diesen Typus Reisende haben wir vor allen in argentinischen Herbergen und Pensionen mit Gemeinschaftsküchen getroffen.

Extremsportler, die wahlweise durch die Anden klettern, die neuseeländischen Alpen durchschreiten oder durch das australische Outback radeln, waren bislang immer Schweizer. Meist schon an drahtiger Figur und Outdoorbekleidung von Weitem zu erkennen.

Junge Männer, die beim Reisen hängengeblieben sind und nun einen Kanuverleih, eine Tauchschule oder einen Surfshop betreiben, sind häufig Holländer – so wie Josh etwa, mein Kanuführer in Neuseeland.

Farbenfrohe Gewänder, tonnenweise köstliches Picknick, unterwegs im Kleinbus mit der Großsippe: Inder. Wobei, wahrscheinlich sind es keine Touristen, sondern indischstämmige Ausflügler, die in dem jeweiligen Land leben. Besonders häufig haben wir sie in Neuseeland angetroffen, wo es wohl viele indische Immigranten gibt.

Hier in Australien fällt jedoch eine Touristenspezies besonders ins Auge: Chinesen. Meist bewaffnet mit Kameras. Oder mit pinken Handys, mit denen sie unentwegt fotografieren. Anzutreffen in Souvenirshops und bei allen Must-Sees Australiens. Vor allem, so scheint mir, entlang der Great Ocean Road. Die berühmteste Stelle der Küstenstraße nennt sich Twelve Apostles, steile Felsen vor der Küste, die wie von Wind und Wetter geformte Wolkenkratzer aus den Wellen aufragen.

Ich stehe auf der Aussichtsplattform und blicke auf die See. Vor mir baut sich ein Chinese auf. Und noch einer. Und noch ganz viele. Zwei tragen ein riesiges Schild mit chinesischen Schriftzeichen und dem Logo einer Firma. Sie stellen es vor meiner Nase auf. Dann gruppiert sich der ganze Trupp um das Schild, also um mich, und macht ein Foto. Auf dem ich wahrscheinlich sehr verdutzt aus der Wäsche gucke.

Auch am nächsten Tag machen sie ein Foto. Oder vielmehr Dutzende. Wir besuchen den Otway Fly, ein Waldgebiet, das den Besuchern einen Blick in die Baumwipfel ermöglicht. Dazu wurden Brücken und Aussichtstürme errichtet, hoch über dem Boden, auf Höhe des Blätterdachs. Wir blicken auf Farne Dutzende Meter unter uns, auf alte Eukalyptusriesen, auf Nadelhölzer – und auf eine Busladung Chinesen. Die Chinesen blicken auf die Brücke, die Baumkronen – und uns. Kollektiv klicken ihre Kameras.

Schließlich, bereits auf dem Rückweg gen Osten, um uns langsam Sydney zu nähern, unser Chinesenhöhepunkt: Phillip Island, eine Insel südöstlich von Melbourne. Sie ist bekannt für ihre Robben, ihr Koala-Center und ihre Pinguine. Jeden Abend zum Sonnenuntergang watscheln Hunderte von ihnen aus dem Meer hinaus, um heimzukehren zu ihren Nistplätzen. »*Penguin Parade*« wird dieses Schauspiel genannt. Besucher werden auf eine Tribüne gelotst, um dem Schauspiel zuschauen zu können. Vor der Tribüne: Hunderte Pinguine. Auf der Tribüne: Wir – und Hunderte Chinesen.

Das Baby verpasst das Spektakel und schläft im Tragetuch ein. Das Kind winkt begeistert den Pinguinen zu, die einer nach dem anderen aus den Fluten auftauchen und in immer größer werdenden Truppen den Strand hochwatscheln, um ihre Höhlen aufzusuchen. Mein Mann und ich blicken zwischen Pinguinen und Chinesen hin und her. Uns ist aufgefallen, dass sich die chinesischen Touristen in Australien niemals »normal« fotografieren lassen, sondern immer einen Kussmund machen, die Finger zum Peace-Zeichen geformt hochhalten oder sich mit ausgestreckter Hand so positionieren, dass es später auf dem Foto aussieht, als »hielten« sie das abgebildete Motiv, egal ob Kirche, Felsinsel oder in diesem Fall Pinguine, auf der flachen Hand.

Irgendwann stößt mein Mann mich an. »Schau mal«, sagt er und zeigt in die Chinesenmenge hinein. Eine junge Frau posiert mit ausgebreiteten Armen für ein Foto. Sie trägt ein knallgelbes T-Shirt mit einem grünen Geschöpf, das ebenfalls die Arme ausbreitet. Darüber ein Schriftzug: »*Hug me!*«, also »Umarm mich!«. Diesmal zücke ich die Kamera und lichte die Asiatin ab. »Wir werden nicht nur von Chinesen verfolgt«, sage ich zu meinem Mann, »sondern auch noch von *Free Hugs*.«

Damit keine Missverständnisse aufkommen: Ich mag nicht

nur kochende französische Männer, sondern auch Chinesen. Wir planen sogar, unseren nächsten Urlaub nach der Weltreise dort zu verbringen. Freunde von uns sind gerade zeitlich befristet für zwei Jahre nach Bejing gezogen. »Wir kommen euch bestimmt besuchen«, hatte ich ihnen zum Abschied gesagt. »Das sagen viele«, hatte meine Freundin erwidert, »aber bei euch glaube ich es.«

Dennoch: Entlang der Great Ocean Road wird es uns in der australischen Hauptreisesaison vielerorts zu viel. Fluchtartig fahren wir weiter. Auf eine einsame Halbinsel, im Reiseführer nicht weiter erwähnt. Mühsam ruckeln wir eine Holperstraße entlang, in der Hand die Skizze mit der Wegbeschreibung eines Ortskundigen. Irgendwo im Nirgendwo, hatte er uns gesagt, gäbe es einen kostenlosen Campingplatz. Wir suchen die Einsamkeit. Endlich kommen wir an. Der Platz ist menschenleer bis auf zwei andere Wagen. Der eine gehört Einheimischen. Der andere – natürlich – Deutschen.

Deutsche Fernreisende wollen gerne besonders individuell sein. Weit weg von den Massen. So wie wir. Und die anderen Deutschen an diesem entlegenen Campingplatz.

»Tja«, sage ich zu meinem Mann. »Klischees muss man bedienen.«

»Was sind Klischees, Mama?«, will meine Tochter wissen.

Einen Moment lang überlege ich. Mir fällt ein, wie sie sich kürzlich auf einem Spielplatz mit einem anderen Mädchen angefreundet hat. Sie wollte mir das Mädchen zeigen und wedelte mit dem Finger wild gestikulierend in Richtung Sandkasten, wo ein ganzes Rudel Kinder saß. »Das Mädchen mit den Locken«, erklärte sie mir. Suchend blickte ich umher. »Das mit dem blauen Kleid.« Erst nach einer Weile wusste ich, welches Kind meine Tochter meinte. Es war das einzige dunkelhäutige Kind auf dem Spielplatz. Eine Tatsache, die meine Tochter nicht für weiter erwähnenswert hielt. Klischees und stereotypes Denken, so scheint mir, erlernen wir im Laufe der Zeit – und geben sie womöglich an unsere Kinder weiter.

»Klischees«, erkläre ich unserer Tochter, »sind Vorurteile. Wenn man glaubt, etwas über eine Person oder ein Land zu wissen. Dabei ist es viel schöner, offen auf Menschen und Dinge zuzugehen und sie dann richtig kennenzulernen.«

»Deshalb machen wir auch diese Reise«, ergänzt mein Mann.

Dem habe ich nichts hinzuzufügen.

Flüge, Finanzen, Firlefanz – ein Blick in den Blog und den Block

Oder: Wie unterschiedlich Erwachsene und Kinder eine Reise wahrnehmen

Ich habe einen Blog. Unsere vierjährige Tochter hat einen Block – ihr Reisetagebuch. Ich schreibe und fotografiere. Das Kind malt und klebt. Wir beide halten das fest, was uns auf unserer fünfmonatigen Weltreise bewegt.

Wer den Blog liest und den Block durchblättert, könnte manchmal den Eindruck gewinnen, wir machen zwei völlig unterschiedliche Reisen. Zum Beispiel, wenn es um das Reisen an sich oder vielmehr um die Flüge geht.

Das Kind malt einen viereckigen Kasten mit vier weiteren Kästen im Bauch sowie zwei länglichen Kästen zu beiden Seiten. »Ein Flugzeug [großer Kasten]«, erklärt es uns und tippt mit dem Finger auf der Zeichnung herum, »mit Fenstern [vier Kästen] und Flügeln [längliche Kästen].« In die vier kleinen Kästen hat es Strichmännchen gemalt. »Das sind wir im Flugzeug«, erläutert unsere Tochter weiter. Daneben hat sie, wie nach jedem unserer Überlandsflüge, sorgfältig die Flugtickets geklebt.

In meinem Blog hingegen finden unsere Flüge keine Erwähnung. Darüber zu schreiben erscheint mir langweilig. Meist erleben doch alle irgendwie dasselbe: Ein Opa schräg gegenüber schnarcht die ganze Zeit. Der Typ in der Reihe vor einem klappt den Sitz herunter, kaum dass der Flieger die Startbahn verlassen hat. Dutyfree-Parfümdüfte wabern durch die Luft. Aufs Klo kann man nicht, weil die Wägelchen der Stewardessen ständig den Gang blockieren. Und dann sind auch noch brüllende Kinder an Bord mit egoistischen Eltern. Zumindest wenn man den Horrorszenen glaubt, die Kinderhasser in Flugforen sich erzählen, wo sie Eltern, die es wagen, mit Kindern ein Flugzeug zu betreten, als unverantwortlich und egozentrisch beschimpfen.

Unsere Flüge verliefen jedoch alle recht entspannt. Der längste Flug war gleich der erste: ein knapp vierzehnstündiger Nachtflug von Hamburg via London nach Buenos Aires. Nach dem Abendessen schliefen die Kinder ein, morgens wachten sie auf. Das Baby reiste im Bassinet, das an der Trennwand vor uns befestigt war. Seine Schwester malte mit den Stiften, die ihm eine Stewardess geschenkt hatte, schaute ein wenig das Kinderprogramm im Bordfernsehen und hörte ein Hörspiel, bis es auf seinem Fensterplatz einschlummerte. Gegen Ohrenschmerzen bei Start und Landung kaute sie Kinderkaugummi, was sie für ein Highlight hielt, weil wir ihr im Alltag eigentlich keine Kaugummis kaufen. Währenddessen nuckelte das Baby an der Brust oder am Schnuller. Ohrenschmerzen und Geschrei gab es bei uns nicht, nur zweimal kam eine Kotztüte zum Einsatz – was aber im Vergleich zu vielen Familienfahrten mit dem Auto, bei denen dem Kind sehr häufig speiübel wird, eine erstaunlich geringe Zahl ist.

Neben unterschiedlichen Gewichtungen unterscheiden sich auch die Beschreibungen der Szenerien im Blog und im Block oftmals grundsätzlich. Etwa in Melbourne, wo ich von Architektur, Couchsurfing-Gastgebern und *Free Hugs* berichte, während das Kind zwei Strichmännchen malt, die sich an den Händen halten. Daneben zeichnet es eine Art Wolke, durch die sich eine Linie schlängelt:

»Das bin ich und mein neuer Freund«, erläutert sie mir. »Und eine Ulli in einem Busch.«

Ihr neuer Freund ist ein deutscher Altersgenosse. Auf einem Campingplatz gleich hinter Melbourne hatten wir erneut ein

»Blind Date«. Eine andere deutsche Familie auf Weltreise, die über den Blog auf uns gestoßen ist. Witzigerweise kennt sie die weltreisende Familie, die wir in Neuseeland am Hot Water Beach getroffen haben, weil beide gemeinsam vor vier Monaten mit dem Schiff von Europa nach Amerika gereist waren.

»Die Welt der weltreisenden Familien scheint klein zu sein«, sagt mein Mann.

»Vorsicht!«, warnt unsere Tochter indes ihren neuen Freund und schaut misstrauisch einen Busch an. »Hier könnten Giftullis lauern.«

Wie jede Familie haben wir eigene Worte für manche Dinge. Als unsere Tochter zwei war, fing sie an, Schlangen »Ullis« zu nennen. Sie hatte ein Kinderlied gelernt – über Schlangen. Im Refrain trällerte man: »Ulalala Ulala« und zischelte anschließend wie das Reptil. Als wir eines Tages im Zoo eine Schlange entdeckten, rief sie ganz aufgeregt: »Ulalala!« Seither nennen wir die Tiere »Ulalalas« oder kurz: »Ullis«.

Seit vier Monaten sind wir zu viert rund um die Uhr zusammen. Die Familiensprache hat eine eigene Dynamik bekommen. »*Free Hugs*«, rufe ich neuerdings meinem Mann zu, wenn beide Kinder auf mir rumturnen. Wenn wir hinter unserer Tochter herräumen, sisyphossen wir. Und wenn das Baby durstig ist, will es wahrscheinlich »schlückeln«, also trinken, wobei es niedliche Schluckgeräusche von sich gibt.

Untereinander verstehen wir uns blendend und wissen immer, was gemeint ist. Schwierig wird es, wenn wir auf Außenstehende treffen, wie jetzt auf die deutsche Familie. Aber die andere Mutter winkt ab. Sie ist mit Mann und zwei Kindern schon oft verreist. Sogar schon mehrfach auf Weltreise. Sie sind sozusagen Weltreiseprofis und die Familienmarotten, die man dabei entwickeln kann, gewohnt. Etwa die, schon während einer Reise Pläne für die nächs-

te zu schmieden, einer Beschäftigung, der ich sehr gerne nach-
gehe.

»Auf eurer nächsten Weltreise«, sagt die andere Mutter, »müsst
ihr auch nach Hawaii und nach Nepal.« Derartige Vorschläge fallen bei mir immer auf sehr fruchtbaren Boden. Und bei meiner
Tochter.

»Ja«, stimmt sie mir zu. Für sie sind andere Familien auf Weltreise und immer neue Reisepläne mittlerweile eine Selbstverständ-
lichkeit. Genauso wie unsere Familiensprache.

»In Australien gibt es Giftullis«, hatte ich sie zu Hause gewarnt.
»Und Giftspinnen, Krokodile, anders gefährliches Getier.«

Es gibt Leute, die aus solchen Gründen mit ihren Kindern
niemals eine weite Reise unternehmen würden. Dem halte ich
entgegen, dass ich auf dem Weg von zu Hause zum Kindergarten
mit dem Fahrrad schon zweimal von Autos angefahren wurde – mit
dem Kind im Fahrradsitz. Die Welt kann überall gefährlich sein –
und harmlos.

Trotzdem bleibe ich misstrauisch. Zumindest fernab der australischen Metropolen. Ich schärfe dem Kind ein, nie in hohes
Gras und dichtes Gebüsch vorzudringen. Dem Baby lege ich die
Krabbeldecke nur auf kurz gemähten Grünflächen aus, die sich gut
überblicken lassen.

Schlangen sehen wir zum Glück keine, aber rosa und weiße
Papageien, die von den Baumkronen auf uns herabschauen. Einen
Jägerliest-Vogel, auch als Lachender Hans bekannt, der sich auf
dem Klettergerüst eines Spielplatzes niedergelassen hat. Und Kurzschnabeligel, die uns auf einem Spaziergang über den Weg laufen.

Gemächlich tuckern wir mit unserem Wohnmobil – oder
vielmehr Wohnschloss – die australische Südküste entlang. Ursprünglich hatten wir einen Wagen für vier Personen vorbestellt,
bekamen aber ein Upgrade. Das Wohnmobil gleicht einer kleinen

Wohnung mit Duschbad, zwei Sitzecken, großen Schlafflächen und einer kleinen Küche. Es gibt eine Markise und ein Set bestehend aus vier Campingstühlen und einem Tisch, sodass wir draußen essen oder malen können. Mein Schwärmen für den Wohnwagen, den ich schon in Neuseeland im Blog ausgelebt habe, überträgt sich auf unsere Tochter. Sorgfältig zeichnet sie das Hochbett über der Fah-

rerkabine in ihr Reisetagebuch, dazu einen Pfeil mit ihrem Namen, der auf ein Strichmännchen im Bett zeigt. Dann malt sie einen Koala hinzu und blickt fordernd meinen Mann an. »Ich möchte endlich, endlich Koalas sehen!«, insistiert sie.

Also besuchen wir ein Koala Sanctuary, eine Mischung aus Wildgehege und Tierkrankenhaus, in dem außer den namensgebenden Koalas auch andere australische Tiere untergebracht sind. Viele von ihnen werden hier medizinisch versorgt und später wieder in die Freiheit entlassen. Durch das Eintrittsgeld, erklärt uns die Dame an der Kasse, werden die Tierarzt- und Pflegekosten finanziert. Begeistert schlendern wir durch das Gelände. Das Baby stiert interessiert auf bunte Papageien und rotäugige Emus. Das Kind feuert Kängurus und Wallabys beim Hüpfen an. Mein Mann blickt fasziniert auf einen Beutelmarder. Ich beneide die schlafenden Wombats, die sich von nichts aus der Ruhe bringen lassen.

Dann kommen wir an das Koala-Gehege. »Ah«, sagt der Wärter und öffnet das Gatter zum Gehege, »ihr habt Kinder. Herein mit euch!« Vorsichtig streicheln wir das weiche Fell der Tiere, die schläfrig in einem Eukalyptusbaum hängen. Das Baby klatscht begeistert in die Hände. Das Kind quietscht in einer Tour: »süüüüüß!« Und ja, auch mein Mann und ich lassen uns vom Charme der Beuteltiere sofort einwickeln.

Abends bemerke ich, dass sich an diesem Tag die Beiträge im Blog und im Block gleichen. Ich stelle Fotos der Tiere ins Internet, meine Tochter malt, was sie gesehen hat: Kängurus, Papageien und natürlich Koalas.

Ich blättere in ihrem Block ein paar Seiten zurück. Vom Besuch im Koala-Wildpark abgesehen malt sie nur sehr selten das, was auch uns Erwachsene beeindruckt. Oder stellt es zumindest ganz anders dar. Zum Beispiel nach unserem Besuch am Bells Beach, einem berühmten Strand an der Great Ocean Road, den wir vor gut einer Woche aufgesucht hatten.

Zwei Dinge kommen bei meiner Familie – abgesehen von Eiscreme – immer gut an: Strände und Tiere. Mein Mann liebt Strände. Ich Tiere. Die Kinder Strände und Tiere. Aber, zumindest was die Strände angeht, aus anderen Gründen als wir Erwachsenen. Mein Mann blickte am Bells Beach auf die Wellen, die unablässig heranrollten. Und etwas wehmütig auf die Surfer, die sich – ohne Familie im Schlepptau – in die Brandung stürzten. Das Baby krabbelte auf allen vieren durch den Sand und richtete sich an einem Felsen wackelbeinig zum Stehen auf.

Das Kind suchte nach Muscheln und buddelte.

Und ich hielt Ausschau nach Keanu Reeves.

Abends schrieb ich nieder, dass ich als Teenager mal den Film »Gefährliche Brandung« gesehen habe mit Patrick Swayze und Keanu Reeves in den Hauptrollen. Der Film spielte am Bells Beach. Ich bin seither ein paar Jährchen älter, Patrick Swayze lebt nicht mehr. Aber der Strand ist noch so schön wie im Film. Auch ohne Keanu.

Auch meiner Tochter hat der Bells Beach gefallen. Am Abend nach dem Besuch malte sie Muscheln in ihr Reisetagebuch – und einen Delfin. Nur: Wir haben am Bells Beach keinen Delfin gesehen. »Egal«, sagt meine Tochter, als ich sie darauf anspreche. »Wir haben doch in Neuseeland Delfine gesehen.«

Sie nimmt es nicht so genau mit Zeitabläufen und Entfernungen. Wir schon. Regelmäßig machen wir Pausen, damit die Kinder nicht so lange im Auto sitzen müssen. Dazu halten wir immer mal wieder bei Aussichtspunkten an. Das Baby freut sich bei jedem Stopp, seinem Kindersitz zu entfliehen. Das Kind wundert sich, warum Erwachsene Aussichtspunkte mögen.

Außer bei einem, er wird Teddy's Lookout, Teddys Aussichtspunkt, genannt. Zu unseren Füßen sehen wir, wie sich die Straße an der Küste entlangschlängelt. Die Wellen lecken an dunklem Gestein, das Meer glitzert blaugrün. Mein Mann und ich blicken Arm in Arm hinaus auf die See. Die Weite ist etwas, das haben wir im Laufe der Reise festgestellt, was wir zu Hause in Hamburg vermissen. Wir blicken auf Hauswände, auf die Nachbarn, auf die Straße.

»Ich lebe ja gerne in der Stadt …«, sage ich zu meinem Mann.

»Ich weiß, was du meinst«, ergänzt er meine Gedanken. »Irgendwie wäre es schön, mehr Weite im Alltag zu haben.«

Unsere Kinder interessieren sich hingegen eher für das, was sich unmittelbar vor ihren Nasen befindet, nämlich für ihre Teddybären, die wir extra mit hinaufschleppen mussten, nachdem unsere Tochter gehört hat, wie der Aussichtspunkt heißt.

Abends beschreibe ich also im Blog die Weite des Ozeans und dass wir in Begleitung von zwei Teddybären waren. Das Kind hat

an diesem Tag keine Lust, etwas in sein Reisetagebuch zu malen. Stattdessen setzt es sich ein paar Tage später draußen an den Campingtisch und paust Münzen ab. Das hat es in jedem Land gemacht, das wir bis jetzt besucht haben. Dabei legt es das Geldstück unter eine Seite und rubbelt mit Buntstiften so lange darüber, bis sich auf dem Papier die Motive der Geldstücke abzeichnen. Auf den australischen Münzen entdeckt es Schnabeltiere, Kurzschnabeligel und Kängurus.

»Mmh«, denke ich inspiriert vom Block der Tochter, »Geld ist auch ein interessantes Thema.«

Schon in Deutschland hatten uns Bekannte gewarnt: »Australien ist ein sehr teures Land.« Vor der Reise hatten mein Mann und ich deshalb überlegt, wie viel Geld wir für die Reise ausgeben können. Mit dem Elterngeld waren die weiterlaufenden Kosten zu Hause überwiegend gedeckt. Da wir für die Zeit unserer Abwesenheit unsere Wohnung untervermietet haben, konnten wir mit einem monatlichen »Einkommen« rechnen. Hinzu kamen unsere Ersparnisse aus den letzten Jahren. Aus der Summe ergab sich ein Tagessatz von rund 140 Euro, der uns zur Verfügung stand. Hoch genug, um die Reise machen zu können, aber doch so niedrig, dass wir gewisse Dinge beherzigen mussten: preiswerte Unterkünfte, überwiegende Nutzung öffentlicher Verkehrsmittel, wenn es die Infrastruktur hergibt, selber kochen statt essen gehen. Unterwegs keinen unnötigen Firlefanz kaufen.

Um nicht den Überblick zu verlieren, haben wir uns – gleichermaßen pragmatisch wie spießig (und damit dem Klischee des Deutschen entsprechend) – eine Exceltabelle angelegt. Dort vermerken wir zwar nicht jeden einzelnen Posten, wohl aber die Geldsummen, die wir vom Automaten abgehoben oder per Kreditkarte bezahlt haben.

In Südamerika lagen wir meist weit unter unserem Tagesbudget. In Neuseeland sind wir gut hingekommen, weil ich nebenher recht viel gearbeitet habe und für meine Artikel über die Reise Geld bekam. Doch Australien droht unser Budget zu sprengen, trotz der »Ersparnisse« aus Südamerika. Hauptposten ist natürlich die Leihgebühr für das Wohnmobil, knapp 100 Euro am Tag. Aber wir haben durchgerechnet: Nutzt man wie wir einen Wagen, der als »alt« gilt und dafür bestimmt ein Drittel weniger kostet als die Wohnmobile der bekannten, großen Autovermietungen, ist diese Reiseart der preiswerteste Weg, um in Australien voranzukommen. Für viele Sehenswürdigkeiten und weite Teile des Landes braucht man ein Fahrzeug. Eine durchschnittliche Unterkunft kostet normalerweise selbst in preiswerten Jugendherbergen zwischen 50 und 100 Euro. Hinzu kommt, dass man mit dem Wohnmobil überall und immer selber kochen kann. Was wichtig ist in einem Land, in dem man für Fish 'n' Chips samt Getränken für eine vierköpfige Familie schnell mal 50 Euro hinblättern muss. Außerdem kann man mit dem Wohnmobil viele idyllisch gelegene Picknickplätze anfahren, die mit kostenlosen, sauberen Toiletten und ebenso sauberen wie kostenlosen Grills ausgestattet sind.

Dennoch, unser Budget schrumpft. Umgerechnet 55 Euro hat uns der Parkplatz auf dem Campingplatz in Melbourne gekostet. In kleinen Dorfläden muss man vier Euro für eine Packung Milch hinblättern. 65 Euro für eine Familienkarte wollte der Betreiber einer Bimmelbahn, die durch einen Wald tuckelt. Dagegen waren die 35 Euro für unseren Besuch in dem Koala-Sanctuary geradezu ein Schnäppchen.

»So geht das nicht weiter«, sagt mein Mann.

In Melbourne hatten wir eine Filiale einer bekannten deutschen Discount-Supermarktkette entdeckt, wo die Preise – in Deutschland wie in Australien – wesentlich günstiger als in anderen Supermärkten sind. Im Internet finden wir heraus, wo entlang unserer Route Filialen des Ladens zu finden sind – und laden uns jedes Mal das Auto voll mit frischem Gemüse, Käse, Nudeln, Klopapier und haltbarer Milch. Außerdem suchen wir die Rastplätze in den Nationalparks auf, die zwar meist etwas abgelegen, aber dafür kostenlos und idyllischer sind. Als wir an einem Morgen verschlafen aus unserem Wohnmobil herauskommen, läuft ein Koalaweibchen mit seinem Baby auf dem Rücken vor unserer Nase vorbei. Auf einem Feld beobachten wir boxende Kängurus. Und auf einem Spaziergang begegnet uns ein Kurzschnabeligel.

Als ich mich anpirsche, um ein Foto zu machen, hält mich meine Tochter zurück. »Vorsicht, Mama«, warnt sie mich und zieht mich auf den Weg zurück, »hier könnten Giftullis lauern.«

Im Koala-Wildgehege hatte sie einige der Reptilien zu Gesicht bekommen und war froh gewesen, dass sie sich hinter dicken Glasscheiben entlangschlängelten.

Mein Mann nimmt das Thema zum Anlass, noch einmal auf unser Budget zu sprechen zu kommen. »Jetzt haben wir ja außer den Giftullis doch fast alle Tiere in der Natur angetroffen«, sagt er. »Die 35 Euro für das Wildgehege hätten wir uns also sparen können.«

»Oh nein«, erwidern meine Tochter und ich wie aus einem Mund.

Der Besuch im Koala Sanctuary war schließlich der einzige Tag, an dem das Kind und ich uns mal einig waren. Das Wildgehege, das gehörte in den Blog und den Block.

Der Wombat und ich

Oder: Feste Rituale im Urlaub? Jein!

Meistens bin ich abends lange wach. Wenn die Kinder schlafen. Und oft auch mein Mann. Ich sitze am Laptop oder lese ein Buch auf dem E-Book-Reader oder genieße einfach die Stille. Zwischendurch gehe ich nach draußen in die Nacht. Nicht immer freiwillig, sondern weil ich auf die Toilette muss. Auf vielen idyllisch gelegenen, nicht professionell betriebenen Naturcampingplätzen gibt es keine Möglichkeit, die chemische Toilette des Wohnmobils zu reinigen. Solange wir wach sind, nutzen wir deshalb immer die sanitären Anlagen des jeweiligen Campingplatzes und nur nachts, wenn man aus dem Tiefschlaf erwacht, die des Wohnmobils.

Der Vorteil der abendlichen Toilettengänge: Man kann wunderbar den Sternenhimmel betrachten. Oder hier in Australien: Wombats. Ich liebe Wombats. Sie sind a) gefräßig, b) dementsprechend rundlich, tragen c) strubbeliges Fell und sind d) nachtaktiv. So wie ich.

Vor Jahren hat mir eine Freundin, die einige Wochen in Australien weilte, einen kleinen Plastikwombat von ihrer Reise mitgebracht. Wir hatten eine Weile vor ihrem Urlaub in einer Zeitschrift einen Wombat entdeckt. Tagelang lag ich ihr in den Ohren, wie bezaubernd ich diese Tierchen finde. Liebe auf den nullten Blick sozusagen. Denn persönlich sind wir uns erst in Australien begegnet, der Wombat und ich. Zunächst im Koala-Wildgehege – das aus dem Blog und dem Block – und jetzt sogar in freier Wildbahn im Wilsons Promontory National Park, der sich rund zwei Fahrstunden von Melbourne entfernt auf einer Halbinsel im Süden des Bundesstaates Victoria erstreckt.

Der Nationalpark ist der perfekte Ort für einen Familienurlaub: Es gibt kurze, einfache Wanderpfade mit lustigen Namen wie  »Lilly Pilly Gully Nature Walk«, die auch Kinderfüße mühelos begehen können. Findlinge vor grün überwucherten Hängen, die zum Klettern einladen. Einen weißen Quarzsandstrand, der »Squeaky Beach« (»Quietschestrand«) genannt wird, weil es wirklich quietscht, wenn man über ihn läuft. Und es gibt einen ins Meer mündenden Fluss, den Tidal River, in dessen warmem, seichtem Wasser die Kinder bei Ebbe planschen können. Vor allem aber gibt es Tiere: Robben, deren runde Köpfe vor der Küste aus dem Wasser luchsen. Kleine Krabben, die in winzigen Löchern im Boden verschwinden. Kängurus, die durch die Buschlandschaft hoppeln und – *last but not least* – Wombats.

Zu Hause steht der kleine Plastikwombat, den mir meine Freundin von ihrem Australienurlaub mitgebracht hatte, auf meinem Schreibtisch, direkt neben dem Bildschirm. Im Wilsons Promontory grasen echte Wombats neben unserem Wohnmobil. Die erste Wombat-Begegnung in freier Wildbahn hatte ich gleich in der ersten Nacht nach Ankunft im Nationalpark, unverhofft bei einem spätabendlichen Toilettengang. Ich öffnete die Wohnwagentür, trat einen Schritt heraus – und sprang schreiend zurück in den Wagen.

»Schatz!«, schüttelte ich entsetzt meinen Mann wach. »Vor unserem Wohnwagen lauert ein großes Tier.«

Mein Mann blickte mit mir aus der Türöffnung. Draußen brummte und schmatzte es, ein kniehoher, dicklicher Schatten schob sich an uns vorbei.

»Das ist ein Wombat«, erklärte mir mein Mann seelenruhig – und musste mich trotzdem vorsichtshalber zur Toilette geleiten.

Am nächsten Morgen bestätigte mir ein Parkwächter, dass es nachts auf dem Campingplatz von Wombats nur so wimmeln

würde. »Die sind harmlos«, versicherte er uns. »Die meisten laufen weg, wenn man ihnen zu nahe kommt, aber einige lassen sich sogar tätscheln.«

Seitdem genieße ich die abendlichen Wombat-Beobachtungen. Nachts, wenn die Familie schläft und ich noch wach bin. Irgendwie, denke ich, ist er mir nicht unähnlich, der Wombat. Ich erwähnte es schon: Er ist a) gefräßig. Ich befürchte, ich auch. b) dementsprechend rundlich. Ich befürchte, ich auch. (Vielleicht nicht ganz so beleibt. Dafür noch mit Post-Schwangerschaftskilos gesegnet. Die man zehn Monate nach Geburt wohl bald nicht mehr Post-Schwangerschaftskilos nennen kann.) Der Wombat trägt außerdem c) strubbeliges Fell. Ich befürchte, ich auch. Zu Hause gehe ich alle paar Wochen zum Friseur. Regelmäßig werden meine Spitzen geschnitten. Außerdem trage ich eine leicht rötliche Tönung, die häufig nachgefärbt werden muss, damit kein Ansatz

entsteht. Vor dem Urlaub hat mir meine Friseurin deshalb extra eine Tube dieser Haarfarbe mitgegeben.

In Südamerika habe ich mich noch brav frisieren lassen. In Neuseeland kam ich nicht dazu, schickte aber zumindest meinen Mann einmal zum Haareschneiden. In Australien hielt der Friseur die Hand auf und sagte: 100 Dollar. Nur, um meinen Haaransatz mit der mitgebrachten Farbe einzupinseln. Wie gesagt, Australien ist ein teures Land. Ich verließ den Friseursalon unverrichteter Dinge. Nun stehen meine Haare ab. Sie sind von Salzwasser und Sonne verfärbt. Zottelig. Von undefinierbarer Farbe. Wie beim Wombat. Und der ist außerdem d) nachtaktiv. Ich befürchte, ich auch. Denn: Die Familie schläft, ich bin immer noch putzmunter. Das ist nicht nur hier in Australien so, sondern auch zu Hause.

Man kann es schon fast als ein Ritual ansehen, dass ich mir ab und an zu nächtlicher Stunde ein paar Stunden Freizeit gönne. Ich bin ein Nachtmensch – eine Eule. Mein Mann ist eher Frühaufsteher – eine Lerche. Unsere Töchter sind – für Kinderverhältnisse – auch eher Eulen. Sie gehörten nie zu der Sorte Nachwuchs, der morgens um fünf hellwach die Eltern wachschreit, sondern eher zu der Sorte, die man mühsam wachrütteln muss, um noch halbwegs pünktlich in den Kindergarten zu kommen. Seit wir auf Weltreise sind, hat sich unser Tag-Nacht-Rhythmus deshalb Schritt für Schritt nach hinten verlagert, was nicht nur an der Zeitumstellung liegt.

Natürlich sind feste Schlafzeiten wichtig für Kinder. Genauso wie andere Rituale. Jeden Abend, bevor unsere Kinder schlafen gehen, putzen wir ihnen die Zähne (na gut: der Vierjährigen, das Baby hat erst seit Weihnachten eine kleine Zahnspitze), lesen ein Buch vor und singen ihnen, schon im Bett liegend, das Gute-Nacht-Lied »La-Le-Lu« vor. Ein Ritual von zu Hause, das uns auch im Urlaub begleitet, ebenso wie der Teddy des Kindes und der Schnuller des Babys.

Wichtig ist auch das Mittagsschläfchen des Babys, sodass wir meist versuchen, längere Fahrten mit dem Wohnmobil auf die Mittagszeit zu legen. Und natürlich pflegen wir gemeinsame Mahlzeiten, die wir, wenn wir den ganzen Tag an der frischen Luft waren, mit stattlichem Wombat-Appetit zu uns nehmen.

Rituale, das kann man in jedem Erziehungsratgeber nachlesen, geben Kindern Sicherheit – und sind vielleicht gerade auf Reisen, wo viel Neues und Ungeplantes auf den Nachwuchs einströmt, besonders wichtig. Doch wie wir schon zu Beginn der Reise feststellten: Sich allzu starr an deutsche Rituale krallen bringt auch nichts. Den Reiz einer Reise machen Ritualbrüche aus. Etwa: Die Schlafenszeit nach hinten verlagern, um den Kindern eine Wombat-Safari zu ermöglichen.

Draußen dämmert es. Mein Mann trägt das Baby im Arm, ich habe das Kind an der Hand. Beide haben schon ihre Schlafanzüge an, um gleich nach der Wombat-Safari ins Bett gehen zu können. Vorsichtig nähern wir uns den Eingängen der Erdhöhlen, die wir tagsüber ganz in der Nähe unseres Wohnmobils entdeckt hatten. »Wombaaaat! Wo bist duuuuu?«, ruft das Kind.

Lange müssen wir nicht warten. Eine Mutter und ein Jungtier laufen gemächlich an uns vorbei. Grasend kommt die Mutter näher, ein weiteres ausgewachsenes Tier gesellt sich dazu. Das Baby lacht und streckt seine kleinen Hände aus. Vorsichtig nähere ich mich und streichele das strubbelige Fell. Meine Tochter tut es mir nach. Auch das Baby darf den Rücken des Wombats streicheln.

Wombats, stelle ich fest, sind nicht nur a) gefräßig, b) dementsprechend rundlich, tragen c) strubbeliges Fell und sind d) nachtaktiv, sondern außerdem e) sehr gutmütig.

Ich befürchte, ich nicht. Zumindest nicht, wenn mein Mann es je wagen würde, mich als gefräßig, rundlich und zottelig zu bezeichnen.

Boutiquebummel mit Babychino in der australischen Provinz

Oder: Warum es gut sein kann, sich einfach mal treiben zu lassen

Mein Mann hat uns verlassen. Er setzte das Baby in den Kinderwagen, stellte das Kind neben das Auto, beförderte mich zur Tür hinaus – und rauschte mit dem Wohnmobil davon. Wir bleiben allein zurück. Ausgesetzt. In Central Tilba, einem 80-Seelen-Ort 360 Kilometer südlich von Sydney.

»Gut«, sage ich zu meiner Tochter, »dann machen wir halt einen Mädchentag.«

»Au ja«, jubelt sie. »Mädchentag!«

Das Baby, angespornt von seiner Schwester, klatscht in die Hände.

Zu Hause in Hamburg machen wir ab und zu ein Mädchenwochenende, wenn mein Mann mit seinen Freunden unterwegs ist. Unsere große Tochter darf sich dann die Nägel anpinseln (was ihr Vater nicht so gerne sieht). Und nachts dürfen beide Kinder bei mir im Ehebett schlafen. Es gibt auch das Pendant dazu. Das heißt: Papa-Kind-Tag oder Papa-Kind-Wochenende. Dann gibt es keinen Nagellack auf den Fingern, aber dafür gebratene Blut- und Leberwurst zum Frühstück. Seit wir reisen, gibt es nur wenige Mädchen- oder Vater-Kind-Tage. Bis auf wenige Ausnahmen sind alle Tage Familientage.

Familientage bedeutet: Man ist rund um die Uhr zusammen. Wenn einer von uns mal das Bedürfnis nach einer Pause hatte, dann haben wir uns getrennt. Meine Kajaktour mit Josh war so ein Tag. Oder der Tag in Neuseeland, an dem sich mein Mann abgesetzt hat, um einmal wieder aufs Pferd zu steigen und auszureiten.

Nun also wieder ein Mädchentag. Von allen kleinen Orten im Süden des Bundesstaats New South Wales, an denen uns mein Mann hätte aussetzen können, hätten wir keinen besseren finden können als Central Tilba. Central Tilba hat Cafés, in denen Babychino serviert wird. Babychino ist das, was in Neuseeland Fluffy und in Hamburg Kinder-Cappuccino heißt: Warme, geschäumte Milch in einer Tasse, mit Kakao bestreut und hier in Australien mit einem Marshmallow serviert. Central Tilba hat Schmuckgeschäfte, Boutiquen, Souvenirläden. Auch ein Internetcafé, das gleichzeitig die Post ist. Zum Inventar gehört ein vereinzelter Laptop. Anderes Equipment, etwa Drucker oder Scanner, die man sonst in Internetcafés vorfindet, sind nicht vorhanden. Dafür lächelt Queen Elizabeth von der Wand. Central Tilba hat einen Spielplatz und knarzende Schaukelpferde. Und Central Tilba ist »sehr alt, hat eine lange Geschichte«. So lauteten jedenfalls die Worte des Herrn in der Tourismusinformation.

Der Ort ist 175 Jahre alt. Als Europäer haben wir einen anderen Sinn für »sehr alt, hat eine lange Geschichte«. Aber Central Tilba ist hübsch. Eine ehemalige Goldgräberstadt mit bunten Holzhäusern am Fuße einer 806 Meter hohen Anhöhe namens Mount Dromedary.

Wir trinken Kaffee und Babychino, wippen auf Holzpferdchen, bummeln durch die Läden. Ich fotografiere das Goldgräberstädtchen. Um fünf Uhr nachmittags werden, wie in allen Orten der Provinz, die wir in Australien besucht haben, die Bürgersteige hochgeklappt. Alle Läden machen dicht, alle Cafés schließen. Es gibt einen Pub, der noch auf hat – mit einer Spielecke für Kinder. Wir kehren ein.

Ich erkenne die Gäste wieder: Die Cafébesitzerin, der Ladeninhaber, der Mann aus der Post. Es gibt eine Jukebox und Fotos an den Wänden von den Einwohnern Central Tilbas mit Riesenkürbissen, dicken Fischen, großen Trucks. Ich erkenne die Leute auf den Bildern. Es sind die Cafébesitzerin, der Ladeninhaber, der Mann aus der Post.

In dem Moment klingelt mein Handy. Mein Mann ist zurück. Er kommt uns auf der Straße entgegen, in der Hand seinen E-Book-Reader, den er auf dem letzten Campingplatz vergessen hatte. Was er erst in Central Tilba, eine Fahrstunde weiter, bemerkte. Weil wir

den Kindern keine weiteren zwei bis drei Stunden Fahrt zumuten wollten, ist er alleine zurückgefahren. Er sieht erschöpft aus von der unnützen Fahrerei mit dem großen Wohnwagen.

»Und?«, fragt meine Tochter, als wir wieder zu viert im Wagen sitzen, »wie war dein Jungstag?«

»Tja«, antwortet mein Mann, »so hatte ich ihn mir nicht vorgestellt. Außerdem habe ich euch vermisst.«

»Wir dich auch«, erwidere ich. »Eine derartige Reise schmiedet noch viel mehr zusammen.«

In dem Moment unterbricht uns das Kind. »Wann sind wir da?«, will es wissen. »Wie viele Kilometer noch?« Solidarisch fängt das Baby zu nörgeln an. So wie immer, wenn wir gerade losfahren wollen.

»Was meinst du«, fragt mich mein Mann, »wollen die Kinder eine deutsche oder eine australische Antwort?«

Australier haben nämlich einen anderen Sinn für Entfernungen als Deutsche.

In Neuseeland haben wir einen Hamburger getroffen, der jedes Jahr vier Monate reisen kann. Er ist Schiffer, zeigt Touristen vom Wasser aus seine Heimatstadt. Im Winter fahren die Ausflugsboote nicht, dann packt er seine Koffer und zieht selber los. Meist nach Neuseeland, aber manchmal auch in andere Ecken der Welt. »Trau niemals jemandem aus Alaska, der dir sagt, es ist nicht kalt«, erklärte er uns mit der Weisheit eines Weitgereisten. »Trau niemals einem Inder, der sagt, das ist nicht scharf«, fuhr er fort. Und: »Trau niemals einem Australier, der sagt, das ist nicht weit.«

Ich bin auf eine Website von einem Hotel gestoßen, das damit wirbt, »nur« 90 Minuten mit dem Auto von Melbourne entfernt zu liegen. Ich kenne kein Hotel, in – sagen wir mal – Celle, das damit werben würde, »nur« 90 Fahrminuten von Hamburg entfernt zu liegen.

Einen kurzen Augenblick überlege ich, dann wende ich mich meiner Tochter zu. »Wir fahren nicht mehr weit«, rufe ich über meine Schulter hinweg nach hinten. »Es ist …« Ich unterbreche mich selber. Das Baby ist schon eingeschlafen, das Kind schaut müde zum Fenster heraus – erschöpft vom Mädchentag.

»Mal schauen, wie weit wir kommen«, sagt mein Mann.

Während wir uns Kilometer um Kilometer von Central Tilba entfernen, muss ich an ein deutsches Ehepaar denken, das wir im Wilsons-Promontory-National-Park getroffen hatten. Die beiden waren wie wir auf dem Weg nach Sydney. Wir haben dafür insgesamt knapp drei Wochen Zeit. Sie drei Tage. Sie sind die Strecke schon einmal gefahren – und waren wenig begeistert. »Unterwegs«, sagten sie, »gibt es nichts Tolles mehr zum Anschauen. Bleibt so lange wie möglich in diesem schönen Nationalpark und rauscht dann am besten in einem Rutsch nach Sydney durch.«

In den Erzählungen anderer (kinderloser) Reisenden, aber auch auf Urlaubspostkarten, in Zeitungsartikeln oder Reiseblogs ist meist nur die Rede von den tollen Zielen: Weltstädten, Traumstränden, Urwäldern. Aber die Wahrheit ist: Oft strandet man auch irgendwo, wo einfach nichts los ist. Vor allem, wenn man mit Kindern unterwegs ist, die nicht jeden Tag Stunden im Auto sitzen möchten, geschweige denn in einem Rutsch knapp 1000 Kilometer durchrauschen wollen.

Manchmal landen wir in Provinznestern, deren größte Attraktion der Spielplatz ist. Manchmal an überfüllten, überteuerten Campingplätzen, auf denen wir uns zähneknirschend niederlassen. Und manchmal finden wir gerade dort, wo wir ohne Kinder niemals

angehalten hätten, die schönsten Orte dieser Reise. Wo wir nur deshalb stoppen, weil das Baby gerade weint oder das Kind nörgelt.

Der Hafen des Küstenörtchens Mallacoota, wo Fischer vor den weit aufgerissenen Augen unserer Kinder Pelikane fütterten, ist so ein Fleck. Der Wald, in dem wir zwei Meter lange Buntwarane beobachten, die nur wenige Meter von unserem Wohnmobil entfernt über eine Wiese schlendern, um dann flink wie Eichhörnchen einen Baum hochzuklettern. Die Anlegestelle einer Fähre, die uns auf eine Insel voller Koalas brachte. Die weit verzweigten, verwunschen wirkenden Tropfsteinhöhlen bei Buchan im Hinterland, die unsere Tochter dazu inspirierte, Höhlenforscherin zu werden, ein neuer Traumjob auf ihrer langen Wunschberufsliste. Alles Orte, die wir ohne unsere Kinder wohl nicht gesehen hätten.

Auch jetzt kommen wir nicht sehr weit. Eine Fahrstunde nördlich von Central Tilba schreit das Kind: »Pipi!«

Auch das Baby ist aufgewacht und fängt an zu jammern, weil es Hunger bekommt.

»Murramarang National Park«, lese ich auf einem Schild. Mein Mann setzt den Blinker, wir biegen ab, fahren zum nächstbesten Campingplatz. Wir erkennen die Vorzüge des Ortes sofort. Es gibt Wege durch den Regenwald, die man nach Wanderstöcken absuchen kann. Sandstrand an der Küste, der zum Buddeln einlädt. Ein Campingplatz, auf dem Dutzende Kängurus zwischen den Zelten rumhüpfen und in dessen Baumkronen Papageien krächzen. Die besten Voraussetzungen für einen perfekten Kindertag.

Für einen perfekten Elterntag auch.

Meuterei auf der Bounty

Oder: Großstadturlaub mit Kindern? Die Mischung macht's.

»Komm, wir gehen!«
»Wir können nicht.«
»Warum nicht?«
»Wir warten auf Bob.«
»Ah!«

(Frei nach Samuel Beckett)

Vor vielen Jahren, als ich noch Schülerin war, haben wir im Deutsch-unterricht das Theaterstück »Warten auf Godot« des Literaturnobel-preisträgers Samuel Beckett durchgenommen. Das Stück wird dem sogenannten »absurden Theater« zugeordnet. Damals, als Schülerin, konnte ich nicht viel damit anfangen. Heute – als Mutter – komme ich mir jeden Tag vor wie im absurden Theater. Protagonisten: Der Mann, das Kind, das Baby, ich selbst. Und ganz aktuell: Bob.

Es fing alles mit einem blinkenden Licht an. Das Baby liebt blinkende Lichter. Zum Beispiel an kitschigem Plastikspielzeug. Das Kind liebt blinkende Lichter. Zum Beispiel an einem Weih-nachtsbaum.

»Mist«, sagt hingegen mein Mann, »da blinkt was im Armatu-renbrett.«

Wir fahren rechts ran. Schauen das blinkende Licht an, ziehen das Bedienungshandbuch des Wagens zu Rate. »Bitte konsultieren Sie einen Fachmann«, steht im Handbuch neben dem Symbol, das im Inneren unseres Wagens leuchtet.

Mein Mann stöhnt.

Wir rufen die Hotline der Vermietung an, warten auf den australischen ADAC (der natürlich irgendwie anders heißt), fahren auf dessen Anraten in eine Werkstatt.

»Vor nächsten Freitag haben wir keine Zeit«, sagt der Mechaniker. Heute ist Montag.

Also warten wir. Auf Bob – einen Kfz-Mechaniker, den uns die Autovermietung schickt.

»Na gut«, sage ich, »ist ja nicht schlimm.« Zum Glück hatten wir, als das Licht anfing zu blinken, gerade das Städtchen Katoomba in den Blue Mountains erreicht. Was auch unser heutiges Ziel war. Die Blue Mountains sind ein Gebirge, etwa 100 Kilometer westlich von Sydney. Zu Beginn des Jahrtausends wurde es zum Weltnaturerbe der UNESCO erklärt. Es ist reich an spektakulären Schluchten, Felsformationen, Wasserfällen, Eukalyptuswäldern. »Die Blätter des Eukalyptus«, lese ich der Familie bei Wikipedia vor, »verdunsten ein ätherisches Öl, sodass feiner Nebel über den Bergen liegt und bei Tageslicht einen blauen Schimmer verursacht.«

Während wir auf Bob warten, wollen wir uns eine der berühmtesten Felsformationen anschauen, die »Three Sisters«, drei vom Wind und Wetter geformte Sandsteintürme. Gerade, als wir das Wohnmobil verlassen wollen, fängt es wie auf Knopfdruck an zu regnen. Erst nieselt, dann plätschert es, schließlich gießt es wie aus Kübeln. »Mmh«, sage ich. »Dann ziehen wir wohl alle wieder unsere Schuhe aus.«

Wir sitzen zu viert im Wohnwagen. Stieren heraus in den Regen. Warten auf Bob. Eine Stunde vergeht. Bob ruft an. Er dauere noch, wegen des starken Regens käme er nur langsam voran. Also warten wir weiter. Auf Bob. Nach einer weiteren Stunde sind die Kinder quengelig, der Mann knurrig, ich genervt. Der Regen lässt langsam nach.

»Komm, wir gehen!«, sagt das Kind.

»Wir können nicht«, antworte ich ihm.

»Warum nicht?«, will es wissen.

»Wir warten auf Bob«, sage ich resigniert.

»Ah!«, ruft der Mann und zeigt auf ein Auto, das neben uns hält. »Da kommt Bob!«

Bob blickt in die Motorhaube, überprüft ein paar Dinge, dann zuckt er mit den Schultern. Um feststellen zu können, was dem Wagen fehlt, braucht er einen Computer. Den hat er nicht dabei. Wir sollen in der Nähe bleiben. Und auf ihn warten – bis zum nächsten oder übernächsten Tag, wenn er den Computer hat.

Absurdes Theater, denke ich.

Immerhin: Unser Wohnmobil rollt uns brav – wenngleich bedrohlich blinkend – zu einem Campingplatz in den Bergen. Unterwegs hüpfen Graue Riesenkängurus an uns vorbei, die Straßen werden von Farn, Gräsern und allerlei Büschen und Bäumen gesäumt. Eukalyptus, wie mir scheint. »Wusstet ihr«, doziere ich, eifrig im Reiseführer blätternd, »dass es mehr als 700 Arten von Eukalypten gibt?«

Mein Mann gibt ein undefinierbares Brummen von sich, die Kinder scheinen unbeeindruckt. Stattdessen fängt meine Tochter an zu singen: »Von den blauen Bergen kommen wir, unser Lehrer ist genauso blöd wie wir...«

Mein Mann und ich blicken uns an. Wir kennen das Lied noch aus unserer Schulzeit. Unsere Tochter besucht zu Hause in Hamburg den Kindergarten. Einen Lehrer hat sie noch nicht. Das Lied kennt sie anscheinend trotzdem schon gut. Und, wie ich im Laufe des Tages feststellen muss: Es ist ansteckend. Ich höre es meinen Mann pfeifen, als wir den »Echo Point« aufsuchen, einen Aussichtspunkt, von dem man auf die Blue Mountains und die sie umringenden Eukalyptuswälder blickt. Ich erwische mich selber dabei, es zu summen, während ich bei einem Spaziergang zwei Wasserfälle betrachte, die die Steilhänge hinunter in die Tiefe stürzen. Und sehe das singende Kind, während es in einem flachen Bach von Stein zu Stein hüpft. Während wir nach einer zweistündigen Wanderung den Hang wieder bergauf wandern, feuere ich das ermüdete Kind, das leicht nörgelig wird, mit dem Refrain des Lieds an:

»Singen ja ja jippi jippi je, singen ja ja jippi jippi je, singen ja ja jippi jippi ja ja jippi jippi ja ja jippi jippi je.«

Irritiert schaut das Baby, das im Tragetuch auf meiner Brust sitzt, zu mir hoch und kräuselt seine Nase. Wahrscheinlich denkt es: Absurdes Theater.

Diesen Gedanken hege ich jedenfalls, als wir zwei Tage später – Bob sei Dank – mit dem Wohnmobil Richtung Sydney fahren. Und dabei versuchen, das hysterisch blinkende Licht im Armaturenbrett mit Nicht-Beachtung zu strafen. »Ignoriert es einfach«, hat uns der Automechaniker ganz fachmännisch geraten. »Nach Sydney geht es sowieso nur noch bergab, da läuft der Motor nicht so schnell heiß.« Bei seiner zweiten Inspektion hat er wieder nur kurz unter die Motorhaube geschaut, an ein paar Kabeln herumgeruckelt, im Computer herumgetippt. Und uns dann mit »*no worries*«, keine Sorge!, dem Lieblingsspruch der Australier, entlassen.

Nun also Sydney, eine Stadt, perfekt dazu geeignet, alles zu resümieren, was wir als mittlerweile erfahrene Familien-Reisende gelernt haben: Die richtige Mischung macht's.

Sydney ist eine Großstadt mit allem, was dazugehört. Aber dank unzähliger Parks und Gärten eine sehr grüne Metropole (und blau, da vom Meer umgeben). Es gibt großartige Dinge für Erwachsene: Museen! Architektur! Schicke Cafés und Bars! Und ebensolche für Kinder: Strand! Spielflächen! Boote! Vor allem aber gibt es Plätze, die alles vereinen. Die Royal Botanic Gardens, eine 30 Hektar große Parkanlage im Herzen der Stadt, ist so ein Ort. Wer dort spazieren geht, kann sich an exotischen Pflanzen und einem fantastischen Ausblick auf den Hafen von Sydney mit Opernhaus und Harbour Bridge erfreuen. Und ein Schild entdecken, groß und unübersehbar, auf einer Rasenfläche aufgestellt, das viel über die Australier und ihre Mentalität aussagt:

»Bitte betreten Sie die Rasenflächen«, heißt es. Und darunter: »Außerdem sind Sie herzlich dazu eingeladen, die Bäume zu umarmen, auf den Grünflächen zu picknicken und mit den Vögeln zu sprechen.«

Hätten wir nicht schon längst Gefallen an Australien und der Lebensart seiner Einwohner gefunden, spätestens jetzt wären wir Fans geworden.

Das Gleiche gilt für den Bondi Beach, ganz im Osten der Stadt, wo sich Australier aller Schichten und Altersklassen mit dem Surfboard in die Fluten stürzen. Es gibt einen feinen Sand, auf dem man sich wälzen kann (gefällt dem Baby). Eisdielen und Souvenirshops, in denen es Känguru-Rucksäcke für Kinder gibt (gefällt dem Kind). Einen wirklich malerischen, rund fünf Kilometer langen Küstenspaziergang, der den Blick auf schäumende Wellen, schroffe Felsen und die Silhouette des Stadtteils freigibt (gefällt dem Mann). Und, wie überall in Australien, kostenlose Barbecue-Grills und saubere Gratis-Toiletten an jedem Picknickplatz (gefällt mir, denn: »Hunger, Pipi, kalt – so sind Mädchen halt!«).

Aber auch das touristische Herzstück der Stadt, das Gebiet um den Circular Quay, also der Hafen und die angrenzenden Sehenswürdigkeiten, sind erstaunlich familienfreundlich. Gleich neben dem Museum für zeitgenössische Kunst, durch das mein Mann und ich schlendern möchten, gibt es eine große Rasenfläche, auf der sich das Kind und das Baby im Krabbelwettlauf messen. Und einen konkaven, haushohen Spiegel, vor dem wir Fratzen schneiden. Am Hafen betrachten mein Mann und ich das berühmte Opernhaus (kleiner und gräulicher als ich dachte) und die bekannte Hafenbrücke (größer und beeindruckender als ich dachte), während die Kinder Kreuzfahrtschiffen und Fähren zuwinken.

Und im Customs House, das eine Bibliothek und Ausstellungsräume beherbergt, gibt es kostenlosen Internetzugang für uns Erwachsene und ein im Maßstab 1:500 gebautes Modell der Stadt, das sich unter Glasplatten im Foyer erstreckt und Kinder zu Entdeckungstouren einlädt. Begeistert krabbelt das Baby einmal quer über Sydney und wieder zurück. Das Kind begutachtet die Oper und die Royal Botanic Gardens von oben, nachdem ich ihm gezeigt habe, dass wir dort gewesen sind. Ich zeige auf die Meeresarme und Buchten, die wie unzählige krumme Finger in die Stadt hineinpiksen.

Genau dorthin begeben wir uns als Nächstes. Um genauer zu sein, in den North Harbour, per Boot. Eine halbe Stunde dauert die Fährverbindung nach Manly. Unterwegs genießen mein Mann und ich den Blick auf die Stadtsilhouette, die mit Stränden gesäumte Küstenlinie und die blauen Wellen des Meers. Am anderen Ufer angekommen bohren wir unsere nackten Füße in den Sandstrand und picknicken mit Fish'n'Chips.

Während mein Mann entspannt in der Sonne liegt, fällt mein Auge auf ein Souvenirgeschäft. Die Shoppinglust galoppiert mit mir – und mit unserer Tochter davon. Wir kaufen Koala-Taschen, Wombat-Tischsets und ein »Australische Tierwelt«-Set. Zu Letzterem gehört auch ein kleiner Plastikwombat, der dem auf meinem heimischen Schreibtisch aufs Haar gleicht.

Der »australischen Tierwelt« nähern wir uns auch am Abend, auf dem Campingplatz, auf dem wir uns mit unserem beharrlich blinkenden Wohnmobil niedergelassen haben. Das Gelände liegt außerhalb, im Westen der Stadt, und passt irgendwie zu Sydney: Trotz seiner guten öffentlichen Verkehrsanbindung und Nähe zur Innenstadt ist es besonders naturnah und umweltfreundlich. Um ihren Gästen davon einen Eindruck zu vermitteln, bieten die Betreiber Nachtwanderungen über das Gelände an, bei denen man mit etwas Glück ein paar nachtaktive Exemplare der »australischen Tierwelt« live und in Farbe zu sehen bekommt.

Pünktlich bei Einbruch der Dämmerung stehen wir – das Baby im Tragetuch, das Kind an der Hand – vor einem Naturparkaufseher und folgen ihm durch die dicht bewachsenen Pfade, die an Wohnwagen und Zelten vorbeiführen. Der Parkranger zeigt uns Vögel, die über uns auf den Ästen schlafen, merkwürdige Tierchen, die entfernt an große Spitzmäuse erinnern, verschiedene Possumarten, die zwischen den Bäumen hindurchhuschen. Das

Kind ist von der Taschenlampe, die ihm der Naturführer gegeben hat, fast ebenso begeistert, wie von den Tieren. Das Baby schläft, nachdem es vorher neugierig in die Dunkelheit gestarrt hat, auf der Brust seines Vaters ein. Mein Mann und ich lauschen den Erläuterungen zum Kampf- und Balzverhalten verschiedener Tiere und staunen, wie viele von ihnen sich mitten auf dem Campingplatz heimisch fühlen.

Am vorletzten Tag unseres Australienaufenthalts kehren wir noch mal an den Circular Quay zurück und schlendern durch die benachbarten Stadtviertel, die ältesten der Stadt, wie mir der Reiseführer verraten hat. Nachdem wir ein paar Gebäude aus der Kolonialzeit bewundert haben, bleibt mein Mann plötzlich abrupt stehen. Er betrachtet eine William-Bligh-Skulptur, die auf einem Steinsockel steht. Die ich, genau wie die Kinder, zugegebenermaßen ohne meinen Mann wahrscheinlich übersehen hätte.

»Ah«, sagt er, »das war doch der Kapitän von der Bounty.«

»Der mit der Meuterei?«, frage ich.

»Ja«, erwidert mein Mann. »Genau der.«

Ich schaue mir Bligh genauer an. Aufrechte Haltung, ernster Blick und: Sorgenfalten auf der Stirn. Ich seufze mitfühlend und blicke zu meiner Familie hinüber. Auch ich habe es oft mit Meuterern zu tun. Das Baby meutert morgens, wenn ich todmüde – da wie ein Wombat nachtaktiv – im Bett liege und noch länger schlafen möchte. Jedes Mal gewinnt es den Kampf. Das Kind meutert, wenn wir nach einer Viertelstunde Spielplatz drängeln, nun in ein Museum oder zu einem Markt aufzubrechen. Es fordert stets mindestens fünf weitere Spielplatzminuten. Meistens gewinnt es den Kampf. Und mein Mann meutert, wenn ich bummeln gehen möchte. Häufig gewinnt er den Kampf.

Monatelang habe ich nun aufs Einkaufen verzichtet, immer im Hinterkopf habend, dass wir das Gepäck noch durch zig Länder schleppen müssen. Doch so langsam neigt sich diese Reise dem Ende entgegen. Ich will mich nicht so schnell geschlagen geben. Auch wenn ich jetzt schon ahne, dass mein Mann siegesgewiss darauf hinweisen wird, dass wir »ja eh nicht mehr viel Platz in den Taschen haben«.

Bligh, so lese ich abends im Internet, unterlag zwar bei der Meuterei auf seinem Schiff, aber später wurde er immerhin noch Gouverneur von New South Wales, dem Bundesstaat, in dem Sydney liegt und der damals noch den ganzen Osten Australiens umfasste.

Das macht mir Hoffnung. Am nächsten Tag kaufe ich im ersten Laden, den wir betreten, einen neuen, großen, leeren Rucksack und erkläre den letzten Tag unseres Australienaufenthalts zum Shoppingtag.

Mein Mann schaut mich an, dann den Rucksack, dann wieder mich und schüttelt resigniert den Kopf. Er blickt drein wie jemand, der sich unverhofft in einer »Absurden Theater«-Vorführung wiederfindet. Oder wie jemand, der weiß, wann er sich geschlagen geben muss.

Shoppen, schlemmen, schlummern: Eine Woche Singapur

Oder: Wie man aus einem Verlegenheitsstopp
ein Vergnügungsziel macht

»Los«, sage ich zu meinem Mann, »gib es zu.«

»Mmh«, brummt er.

Ich werte das als ein Zugeständnis. Es geht um Singapur.

Lange vor dieser Reise saßen wir zusammen zu Hause auf dem Sofa und blätterten durch den Atlas auf der Suche nach einem geeigneten Zwischenstopp in Asien. Es gibt viele tolle Länder in Asien, einige davon haben wir auch schon bereist. Nur: In vielen dieser Länder gibt es Malaria. Und das sehr effektive Mückenschutzmittel, das wir benutzt haben, als wir vor zwei Jahren mit dem großen Kind nach Thailand gereist sind, ist leider nicht für Babys geeignet.

Also haben wir verhandelt. Tokio – zu teuer. Bangkok – kennen wir schon. Peking – zu kalt um diese Jahreszeit. Delhi – zu anstrengend für die Kinder.

»Singapur«, sagte ich. »Da soll es einen tollen Zoo geben und viele Einkaufszentren.«

»Neee«, meinte mein Mann. »Auf keinen Fall.«

Ein Bekannter hatte ihm erzählt, dass er einmal mit seiner Frau in Singapur war – und gefühlte 24 Stunden am Tag mit ihr einkaufen gehen musste.

Immer, wenn ich es während dieser Reise wagte, auch nur aus dem Augenwinkel einen kurzen Blick auf ein Schaufenster zu werfen, wurde gejammert, mit dem Fuß aufgestampft, an meiner Jacke gezogen. Und ich rede jetzt nicht vom Kind.

Ich erwähnte es bereits: Mein Mann hasst Shoppingtage. Er

langweilt sich, er findet es anstrengend, ja, er bekommt sogar Phantomschmerzen. Stundenlang kann er im Wald spazieren gehen, aber sobald wir mehr als ein Geschäft betreten, bekommt er Knieschmerzen. Sagt er.

Nun also doch Singapur. Eine Woche, um die lange Reise von Australien zurück nach Europa in zwei Nachtflüge zu teilen. Unsere letzte Station, bevor es nach Hause geht.

»Wir gehen auch nicht in Shoppingmalls«, verspreche ich meinem Mann. »Die haben lange auf. Ich kann abends alleine gehen, wenn die Kinder schlafen.«

Stattdessen schauen wir uns Singapur von oben an. Marina Bay Sands heißt das bekannteste Hotel der Stadt. Die Besichtigung eines Hotels, in dem wir nicht mal wohnen, gehört eigentlich nicht zu unseren üblichen Aktivitäten. Aber das Gebäude gehört seit seiner

Eröffnung im Jahr 2010 zu den Wahrzeichen der Stadt: Drei Türme, die sich fast 200 Meter hoch in den Himmel bohren. Darauf eine 1,2 Hektar große Plattform, auf der gemütlich vier Jumbojets parken könnten. Gekrönt vom höchstgelegenen Outdoorpool der

Welt. Passend dazu bezeichnet sich das Ressort in seiner Imagebro-schüre ganz unbescheiden als »spektakulärste Destination Asiens«.

Wir steigen in den Aufzug. Binnen einer halben Minute saust er 55 Stockwerke hoch.

»Wow«, sagt mein Mann, als sich die Aufzugstür öffnet.

»Wow«, sagt das Kind.

Das Baby zeigt sich unbeeindruckt.

Vor uns: Ein 150 Meter langer Pool, 200 Meter hoch über der Erde. Dahinter: Aussicht.

Das Kind bewundert das Schwimmbecken. Das Becken reicht bis an die Kante des Daches heran. Dadurch entsteht die optische Illusion, dass das Wasser im Nichts endet, dass Becken und Pano-rama miteinander verschmelzen.

Das Baby flirtet mit einer Kellnerin. Die gleich ein paar Erdbee-ren holt und es damit füttert. Vielleicht, weil sie uns für Gäste hält. Ich gebe zu: Mein Presseausweis hat uns Zugang zur Dachterrasse verschafft. Normalerweise dürfen Nicht-Gäste nur eine weiter hinten liegende Plattform besuchen, die durch eine Glaswand vom

Pool getrennt ist. Immerhin kann man von dort aus denselben Ausblick genießen wie mein Mann und ich. Wir betrachten die Hochhäuser des Finanzdistrikts, das blumenförmige ArtScience Museum und das Wahrzeichen Singapurs, den Merlion, eine Skulptur, die halb Löwe, halb Meerjungfrau ist.

Singapur ist der flächenmäßig kleinste Staat Südostasiens. Er ist bekannt für seinen Reichtum, sein sauberes Straßenbild, seine futuristische Architektur. Einiges davon sehen wir genau zu unseren Füßen, etwa die sogenannten Supertrees, Stahlgerüste in Baumform, die in dem Parkgelände »Gardens by the Bay« 25 bis 50 Meter hoch in den Himmel ragen. Daneben stehen riesige Gewächshäuser. In einem davon wurde ein künstlicher Berg errichtet, von dem ein Wasserfall hinunterplätschert. Alles ist erbaut auf künstlich aufgeschüttetem Land, das Singapur dem Meer abtrotzt.

»Gib es zu«, sage ich zu meinem Mann. »Singapur ist schon ganz cool, oder?«

Er reagiert nicht. Stattdessen verrät uns eine Hotelangestellte, dass ein Wochenende in der 629 Quadratmeter großen Topsuite des Hotels mehr kostet, als wir für die ganze fünfmonatige Weltreise bezahlt haben. Wer sich das leisten kann? Nun, erzählt uns die Dame, beispielsweise Elton John oder Jennifer Lopez. Justin Bieber begnügte sich mit einer kleineren Suite, Katy Perry gab lediglich eine Pressekonferenz im Hotel – extravagant im Pool.

Ob kleine oder große Suite, wir gehören nicht in den betuchten Kreis der Marina-Bay-Sands-Gäste. Deshalb schlafen wir auch in einem kleinen Hostel in Little India. Einen Pool gibt es nicht und auch keine spektakuläre Aussicht. Dafür trägt die Besitzerin einen Sari und klimpernde Armreifen an beiden Händen.

»Auf unserer nächsten Weltreise«, sagt meine Tochter, »möchte ich auch nach Indien fahren und Klimperarmreifen kaufen.« Weltreisen scheinen für sie das Normalste der Welt geworden zu sein.

Vielleicht umso mehr, weil Singapur so etwas ist wie eine kleine Weltreise in der Weltreise. Es gibt Little India, die Arabische Straße, Chinatown. Es gibt Kirchen, Moscheen, Synagogen, buddhistische, taoistische und hinduistische Tempel. Alles auf engstem Raum.

Wir üben uns in Religionsunterricht – im Schnelldurchgang. In einer Moschee mit grün schimmernden Kacheln lernt das Kind, dass man Moscheen nur barfuß betritt und dass Frauen hier ihr Haar bedecken. In einem buddhistischen Tempel krabbelt das Baby an kahlköpfigen Mönchen vorbei, während das Kind wissen will, warum Buddha so dick ist. Und in einem hinduistischen Tempel stellt es staunend fest, dass die Hindus gleich mehrere Götter verehren – mit blauer Haut, mit fünf Armpaaren, mit dem Antlitz eines Elefanten. Vom Dach blicken bunte Kühe herab, an den Skulpturen der Götter hängen Blumenkränze. Es riecht nach Blüten und Räucherstäbchen, Frauen in seidenen Saris plaudern angeregt miteinander, es wird Essen gereicht.

Bevor ich dem Kind die hinduistische Götterwelt mit Hilfe des Reisebuchs erklären kann, tritt eine siebenköpfige indische Familie an uns heran. Sie möchte Fotos von unseren Kindern machen – und ich daraufhin auch von ihnen. Unsere Tochter bewundert die Saris der gleichaltrigen Mädchen. Das Baby versucht, nach dem klimpernden Goldschmuck der indischen Mutter zu greifen.

»Mmh«, sage ich und zeige meinem Mann das Foto auf dem Display meiner Kamera. Es zeigt die dunkelhäutige Familie und unser blondes Kind. »Sieht ein bisschen so aus wie früher die Werbung für United Colors of Benetton.«

Auch auf den Straßen schieße ich Fotos. Wir sehen Parkplätze für Motorräder, ein Meter tiefe Abwasserrinnen, religiöse Schreine in Puppenhausgröße. Geschäfte mit Kinderschuhen, auf deren Absätzen nicht einmal ich laufen könnte. Hunderte rote Lampions, die quer über die Straße gespannt sind.

»Und«, frage ich in die Runde. »Wie gefällt euch Singapur?«

»Schön«, antwortet das Kind.

»Glucks«, sagt das Baby.

»Mmh«, brummt mein Mann in einem bemüht neutralen Tonfall.

Abends kehren wir im Food Corner gegenüber von unserem Hotel ein. Food Corner sind markthallenähnliche Gebäude, in denen sich verschiedene Essensstände gruppieren. Stände mit indischen Köstlichkeiten und chinesischen Snacks, japanischen Sushi und malaysischen Suppen. Es gibt gefüllte Teigtaschen, frische Obstsäfte, süße Kuchen aus Ananas und Kokos. Fleischhaltige Küche, Fischgerichte, vegetarische Kost. Die Besucher dürfen sich ihr Menü beliebig bei verschiedenen Anbietern zusammenwürfeln und sich dann an einen der unzähligen Tische und Stühle in der Mitte der Halle setzen.

»Oha«, sage ich und zeige auf die Spezialitäten der asiatischen Küche, die auf Schildern angepriesen werden: Froschbrei, Schweineschwanzeintopf, Krokodilsuppe.

Wir wählen Orang-Utans. Nicht etwa auf dem Teller, sondern als Gesellschaft – am vorletzten Tag unseres Aufenthalts. »Im Zoo von Singapur«, hatte ich meiner Familie schon vor der Reise aus dem Reiseführer vorgelesen, »kann man mit Orang-Utans frühstücken.« Fünf Monate lang fragte mich das Kind daraufhin, wann wir denn endlich nach Singapur kämen. Nun ist es so weit, wir frühstücken in tierischer Gesellschaft.

Auf unserem Tisch stehen Croissants, Eier mit Speck, Obstsalat. Auf dem Ast der Affen, etwa anderthalb Meter neben uns, liegen Bananen, Körner, Gurken. Während uns ein Kellner Kaffee nachschüttet, bekommen die Affen von Jackson, ihrem Tierpfleger, Obst gereicht.

Das Baby reißt die Augen auf und guckt erstaunt die Orang-Utans an.

Die Affen futtern, zupfen sich gegenseitig am Fell herum, kuscheln – und ignorieren uns. Dann klatschen sie plötzlich in die Hände, ein Tier winkt. Begeistert winkt das Kind zurück. Tierpfleger Jackson dämpft unseren Enthusiasmus. »Die winken oder werfen eine Kusshand, wenn sie mehr Obst wollen«, erklärt er uns und reicht einem Affen ein Stück Banane. Nun winkt auch unser Baby. Ich halte ihm ein Stück Drachenfrucht hin.

Jackson erklärt uns, wer im Affenclan das Sagen hat (ein älteres Weibchen), woran er die Tiere unterscheidet (Gesicht, Fellfarbe), wie alt seine Orang-Utans sind (der jüngste anderthalb Monate, der älteste 57 Jahre) und dass Orang-Utans eifersüchtig werden können (etwa, wenn sich der Tierpfleger zu lange mit einer Menschenfrau unterhält).

Unsere Tochter erklärt Jackson, von mir übersetzt, wie alt sie ist (viereinhalb), dass sie Orang-Utans mag (besonders das Orang-Utan-Baby) und dass sie gerne ihr Essen mit den Affen teilen möchte (Jackson lehnt dankend ab).

Dann sind Affen und Kinder satt, und es geht weiter (Affen: ins Gehege, wir: auf zu anderen Tieren). Außer einem Frühstück mit Orang-Utans bietet der Zoo nämlich die Crème de la Crème der asiatischen Tierwelt: kugelrunde Pandas, drachenähnliche Komodowarane, weiße Tiger.

Das Kind darf mit mir eine Runde auf einem Elefanten reiten. Das Baby patscht mit seiner kleinen Hand gegen eine dicke Glasscheibe, hinter der ein neun Meter langes Salzwasserkrokodil lauert.

Im Souvenirgeschäft des Zoos – mein Mann wartet vor der Tür – verfällt das Kind in einen wahren Kaufrausch. Es fordert Pandaschirme, Pandahandtücher, Pandaportemonnaies für sich und das Baby. Shoppinggelüste fallen bei mir immer auf sehr fruchtbaren Boden. Wie gut, denke ich, dass ich zwei Töchter habe.

Als wir abends den Zoo verlassen, schreit das Kind: »Mehr Tiere!« Also geht es weiter – in den Nachtzoo. Der liegt zum Glück gleich nebenan.

Mit einer Bimmelbahn fahren wir durch das dunkle Gelände. Schauen Giraffen zu, die uns ihre Köpfe entgegenstrecken und Blätter von den Bäumen rupfen, Hyänen, die durch die Dämmerung schleichen, katzengroßen Flughunden, die kopfüber von den Bäumen hängen. Das Baby, das im Tragetuch sitzt, gibt als Erstes auf. Es nickt ein, an die Brust seines Vaters gekuschelt.

Weiter geht es zu Fuß. Wir laufen Dschungelpfade entlang, flanieren über Brücken, marschieren über Holzstege. Und entdecken in der Dunkelheit Schweine aus Borneo, sogenannte Hirscheber, die vier riesige, hornähnliche Zähne am Rüssel haben, kniehohe Bambi-Rehe, schwarz-weiße Tapire, die sich – alle viere von sich gestreckt – mitten auf dem Weg zum Schlummern hingelegt haben. Unserer großen Tochter, die den Kinderwagen des Babys gekapert hat, fallen indes die Augen zu. Mein Mann und ich schauen uns an.

»Ah«, sage ich, »ist es nicht herrlich, mal wieder etwas zu zweit zu unternehmen?«

Die Kinder schlafen tief und fest. Einen kurzen Augenblick lang überlegen wir, ins Hotel zurückzukehren. Doch dann schlendern wir weiter. Die Nachtluft ist warm, hoch über uns funkeln die Sterne, in den Büschen zirpt es. Mein Mann und ich haben Zeit, in Ruhe zu flanieren, zu schauen, uns zu unterhalten. Ein sehr seltener Moment.

»Und?«, frage ich ihn erneut. »Singapur war doch eine super Idee.«

Keine Reaktion.

»Los«, hake ich nach, »gib es zu.«

»Mmh«, brummt er und wischt sich den Schweiß von der Stirn. Es sind immer noch mehr als 30 Grad, die Luftfeuchtigkeit ist hoch. Singapur ist eindeutig der heißeste Ort unserer Reise.

»Wollen wir morgen vielleicht doch in ein Einkaufszentrum?«, fragt er mich. »Dort ist es bestimmt schön kühl.«

Wieder daheim!

**Oder: Was bleibt von einer Reise übrig, wenn die Souvenirs
verstaut sind und die Wäsche gewaschen ist?**

Ein paar Wochen, bevor mein Mann, das Kind, das Baby und ich zu unserer fünfmonatigen Weltreise aufbrachen, lag ich abends im Bett und schaute verdrießlich.

»Was ist los?«, fragte mich mein Mann.

»Ich bin traurig«, sagte ich.

»Warum?«, wollte er wissen.

»Weil … wenn die Reise vorbei ist, ist die Reise vorbei«, fasste ich zusammen.

Mein Mann, der im Laufe der Jahre gelernt hat, kryptische Aussagen zu dechiffrieren, seufzte.

»Du musst mir versprechen«, sagte ich, »dass das nicht unsere einzige Weltreise ist. Dass wir noch mal eine machen.«

»Jetzt«, sagte er besänftigend, »machen wir erst mal diese Reise.«

Nun, ein halbes Jahr später, liegen wir wieder nebeneinander zu Hause im Bett.

»Jetzt ist die Reise vorbei, und die Reise ist vorbei«, sage ich und stiere betrübt auf die Schneeflocken, die draußen vor dem Fenster herabrieseln.

Heimkommen nach einer langen Reise ist – sagen wir mal – heiter bis wolkig. Für alle Familienmitglieder.

Das Baby schaut sich neugierig in der Wohnung um. Es kann sich nicht an sie erinnern. Sein halbes Leben hat es auf der Reise verbracht. Noch ist unser Zuhause nur eine neue Station, eine neue Unterkunft. Aber eine Unterkunft, die geräumig ist – und in der es viel Spielzeug gibt. Das Baby scheint zufrieden zu sein. Allerdings nicht mit seiner Kleidung. Verwundert packt es seinen Fuß in beide Hände und betrachtet ihn neugierig. Monatelang durfte es barfuß herumkrabbeln und mit nackigen Beinen im Kinderwagen strampeln. Vor allem in Australien und Singapur herrschte Schönwettergarantie. Nun trägt es Strumpfhose, Hose, Socken, Schühchen. Und, da das Hamburger Wetter Kapriolen schlägt und Mitte März mit Schnee aufwartet, draußen sogar einen Schneeanzug. Verdrossen schaut es auf seinen dick eingepackten Fuß, dann auf mich.

»Siehst du«, sage ich zu meinem Mann. »Das Baby möchte diese Station auf der nächsten Reise gerne überspringen.«

Das Kind stürmt los, kaum haben wir – vom Flughafen kommend – unser Gepäck durch die Haustür manövriert. »Mein Kinderzimmer!«, ruft es. Als es gefühlte Stunden später wieder aus seinem Zimmer herauskommt, sitzt es auf einem Hüpfball mit Becherstelzen unter den Füßen. Auf dem Kopf trägt es einen Fahrradhelm, über der Schulter zwei Kindertaschen und unter beiden Armen Puppen. »Spielzeug!«, jubelt es. Es ist nicht schwer zu erraten, was unsere Tochter während der fünfmonatigen Reise am meisten vermisst hat. Wenngleich ihr das während der Reise gar nicht aufgefallen ist.

Nach drei Tagen Schlittenfahren bekommt sie einen Schnupfen, dann Fieber. Auf der ganzen Reise war sie kerngesund. »Blödes Wetter«, schimpft sie. »Wir hätten länger auf Weltreise bleiben sollen.«

»Siehst du!«, sage ich zu meinem Mann.

Mein Mann seufzt. Er hat sich gefreut. Über die Familie, die uns vom Flughafen abgeholt hat. Über die Nachbarin, die uns zur Begrüßung Pizza gebacken hat. Über den Willkommensgruß, den Freunde vor die Haustür gemalt haben. Darüber, dass wir uns nicht zu viert in ein enges Hotelzimmer oder ein Wohnmobil quetschen müssen, sondern viel Platz in der eigenen Wohnung haben. Über deutsches Brot. Und über den Schnee. Zumindest die ersten Tage. Nach einer Woche liegt auch er mit Fieber im Bett. »Blödes Wetter«, schimpft er. »Vielleicht hätten wir doch etwas später zurückkommen sollen.«

Und ich? Ich verabschiede mich langsam vom Urlaub. Mein erster Besuch gilt meiner Friseurin – um mich von meiner Wombat-Frisur zu trennen. Mein Haar ist struppig und von undefinierbarer Farbe – wie das des Beuteltiers –, ihm ist das monatelange gute Wetter anscheinend nicht bekommen, im Gegensatz zum Rest meines Körpers.

Nach dem Friseurtermin packe ich die Rucksäcke aus und sortiere. Die wenigen Anziehsachen, die ich monatelang getragen habe, wandern in die Wäsche. Das Reisetagebuch meiner Tochter kommt in ihr Kinderzimmer. Für die Känguru-Rucksäcke, Kiwi-Kettchen, Panda-Regenschirme und all die anderen neuen Errungenschaften der Kinder suche ich einen geeigneten Platz.

Als der Rucksack leer ist, lege ich mir die Kette um, die mir unsere Mapuche-Freunde in Chile geschenkt haben, ziehe das Shirt an, das ich einer Schneiderin in Argentinien abgekauft habe, und streife mir die Klimperarmreifen aus Singapur über, zu deren Kauf mich meine Tochter genötigt hat.

»Ich möchte nicht«, erkläre ich meinem Mann, »dass sich diese Reise einfach auflöst. Stückchen um Stückchen wie der Inhalt des Rucksacks.«

»Wie wäre es«, erwidert er, »wenn wir uns auch hier abends immer erzählen, was uns am Tag besonders gut gefallen hat.« Ein Ritual, das wir am Anfang der Reise in Buenos Aires begonnen hatten und das uns den ganzen Urlaub über begleitet hat.

»Ja«, sagt meine Tochter, »und ich könnte auch hier ein Tagebuch schreiben.«

»Gäh«, quakt das Baby aufgeregt und schaut auf eine Katze, die draußen vor der Verandatür vorbeiläuft. In den letzten Monaten hat es Pinguine, Kängurus, Pandabären gesehen. Katzen kennt es nicht.

Ich reagiere nicht gleich. Ich denke nach. Fünf Monate sind rum. Ich werde das Reisen vermissen. Die Freundlichkeit der Argentinier. Die Gastfreundschaft der Chilenen. Die abwechslungsreiche Landschaft Neuseelands. Die lustigen Tiere Australiens. Das multikulturelle Treiben Singapurs. Die Abwechslung. Die Sonne. Aber vor allem: Die intensive Zeit mit meiner Familie.

In den nächsten Wochen werden wir oft gefragt, ob wir so eine Reise noch einmal machen würden.

Natürlich!

Ob wir etwas anders machen würden.

Nein!

Wo es am schönsten war.

Eigentlich überall. Als Romanistin hat es mir persönlich besonders gut in Südamerika gefallen, wo die Leute herzlich und sehr kinderlieb sind. Mein Mann war von der Schönheit der neuseeländischen Natur beeindruckt. Das Baby juchzte bei jedem Känguru, Wombat oder Koala, die uns in Australien über den Weg liefen. Und das Kind mochte die Kombi aus Zoo, farbenfrohen Tempeln und Souvenirshopping in Singapur.

Noch Monate nach der Reise erzählt unsere Tochter von Tieren, die wir unterwegs gesehen haben. Von den Mapuche, die in Rukas leben. Vom Ritt mit dem Gaucho. Von ihrer Freundin Mora, deren Kindergeburtstag sie in Buenos Aires besucht hat. Von dem Wohnmobil, in dem sie ein Hochbett hatte. Davon, dass die Leute in Neuseeland ins Bett gehen, wenn wir morgens aufstehen, und frühstücken, wenn wir zu Abend essen. Von den köstlichen gefüllten Teigtaschen, die sie in Singapur gekostet hat. Sie wünscht sich einen Globus zum Geburtstag und möchte auch wissen, wie die anderen Länder darauf heißen. Durch die Reise ist sie offener geworden, scheut sich nicht, auf andere zuzugehen, hat an Selbstbewusstsein gewonnen.

Und das Baby hat eine intensive Zeit mit seiner Familie verbracht. Es weiß, dass Menschen sehr unterschiedlich aussehen können. Es weint nie, wenn wir neue Orte aufsuchen oder viel unterwegs sind, etwa beim Familienbesuchsmarathon nach unserer Rückkehr. Es scheint zu wissen, dass es überall schön sein kann und dass es sich nicht nur zu Hause geborgen fühlen kann.

Mein Mann und ich versuchen, das, was uns im Urlaub gut gefallen hat, in den Alltag hinüberzuretten. Familienrituale zu pflegen. Ausflüge und Besichtigungen mit Muße anzugehen. Sich nicht zwischen Arbeit, Kita und Haushalt aufreiben zu lassen, was mal mehr, aber leider oft nur weniger gut gelingt. Einfach mal in den Tag hineinzuleben.

Doch es ist, wie es ist: Wir leiden an dieser Krankheit oder vielmehr dieser Leidenschaft, die sich Fernweh nennt. Und auch wenn es undankbar klingt: Selbst nach einer langen, schönen Reise, von der viele nur träumen können, tritt keine Reisesättigung ein. Im Gegenteil, das Fernweh wird nur noch mehr entfacht. Wann immer mir jemand ein paar Fotos von einem beliebigen Land zeigt und dazu ein paar warme und interessante Worte verliert, schon steht für mich fest: Da möchte ich auch hin.

»Auf jeden Fall«, sage ich meinem Mann ein paar Monate später,

»müssen wir noch eine längere Reise unternehmen, bevor das Kind eingeschult wird, danach haben wir keine Zeit mehr.«

Zum Glück hat unsere Tochter nach dem Einschulungsstichtag Geburtstag, es bleiben uns also noch zwei Jahre, bis wir an die teuren Ferienzeiten gebunden sein werden. Das macht mir schon jetzt schlechte Laune. Und wenn ich schlechte Laune habe, versucht mein Mann, mich aufzumuntern, indem er mit mir Pläne für eine neue Weltreise schmiedet. »Wohin«, fragt er mich dann, »wollen wir denn reisen?«

Ich benehme mich in solchen Augenblicken wie das Kind, wenn es sich in einem Spielzeugladen Geschenke für seinen Geburtstag aussuchen darf: Ich möchte alles mitnehmen.

»Wieder Argentinien«, zähle ich auf, »Island, Myanmar, Japan, Hawaii.« Hektisch lege ich nach: »Panamericana, Transsib, Seidenstraße.« Fast verhaspele ich mich: »Dublin, New York, Antananarivo.«

»China«, brüllt das Kind, das wir scheinbar mit Reiselust infiziert haben, »und Brasilien, um unsere Freunde zu besuchen!« Nach unserer Rückkehr sind zwei befreundete Familien in diese Länder ausgewandert. Wenn wir es schaffen, genug zu sparen, könnten das unsere nächsten Ziele werden.

»China«, stimme ich zu.

Das Baby, das die allgemeine Aufregung spürt, klatscht in die Hände und lacht. Das Reisefieber hat die ganze Familie gepackt. Meine Laune verbessert sich erheblich.

Ich bin recht zuversichtlich: Das war keine einmalige Weltreise. Sondern erst Teil 1.

Und noch ein bisschen Service

Oder: Tricks und Tipps beim Reisen mit Kindern

In diesem Kapitel habe ich ein paar Tipps und Hinweise zusammengefasst, von A wie »Around-the-World-Ticket« bis Z wie »Zeitpunkt«. Sie werden sehen, dazwischen fehlen durchaus einige Buchstaben. Genauso verhält es sich mit diesem Servicekapitel. Es erhebt keinen Anspruch auf Vollständigkeit. Es gibt Dinge (etwa das Elterngeld), die sich schneller verändern, als man gucken kann. Deshalb: Im Zweifelsfall gültige Bedingungen (Flugtickets, Elterngeld) im Internet nachschauen oder Experten (Kinderarzt) konsultieren.

Around-the-World-Ticket und andere Flugtickets:

Nicht jeder Reisende mit Kindern macht gleich eine Weltreise, aber wer vorhat, mehr als ein Land zu bereisen, und wenn diese Länder nicht gerade in unmittelbarer Nachbarschaft liegen, sollte sich auf jeden Fall erkundigen, ob ein Airpass oder ein Around-the-World-Ticket (bei manchen Anbietern auch Round-the-World-Ticket genannt) die günstigste Variante ist.

In der Regel ist ein Around-the-World-Ticket ein Jahr lang gültig. Man kauft sich eine bestimmte Anzahl von Flügen, Meilen oder Stopps – und bewegt sich auf diese Art rund um den Erdball. Vor der Abreise legt man die Route fest, wobei man nicht wild hin und her, sondern immer nur in eine Richtung reisen kann, also während der gesamten Reise fliegt man entweder gen Ost oder gen

West. Erfahrungsgemäß passt man sich leichter an die neue Uhrzeit an, wenn man gen Westen fliegt. Aber natürlich hängt die gewählte Route vor allem von den Zielen und der dortigen Jahreszeit ab.

Die meisten Anbieter legen vorgewählte Flugrouten fest, die oftmals die preisgünstigsten Optionen darstellen. Aber man kann sich auch – wie wir – seine Traumroute selber zusammenzustellen. Studenten und junge Leute, die jünger als 26 Jahre alt sind, erhalten oftmals Rabatte.

Auch wenn es sehr verlockend sein mag, in kurzer Zeit Dutzende Länder anzufliegen, würden wir persönlich dazu raten, sich lieber auf eine nicht allzu große Anzahl zu beschränken, um die Kinder (und sich selber) nicht im Wochentakt ins Flugzeug zu zwängen. Bei der Planung sollte man Zeit- und Klimaumstellung immer mitberücksichtigen.

Angeboten werden die meisten Around-the-World-Tickets von den großen Airline-Allianzen wie etwa der Star Alliance, der Oneworld-Allianz oder dem Skyteam. Daneben bieten auch einzelne Airlines spezielle Weltreise-Tarife und Airpässe an, die vor allem für Urlauber interessant sind, die nur eine bestimmte Weltregion besuchen möchten, etwa Asien oder Amerika. Schließlich gibt es noch Stopp-Over-Angebote bei regulären Flugtickets. Die Reisenden können dabei auf dem Hin- oder Rückflug einen Stopp in einem anderen Land einlegen und dort ein paar Tage verweilen. Das kann besonders für Reisende mit kleinen Kindern interessant sein, denn ein 24-stündiger (oder noch längerer Flug) nach Neuseeland oder Australien ist nicht gerade ein Zuckerschlecken.

Unser persönlicher Tipp: Wenn es geht, über Nacht fliegen und bei Stop-Over-Angeboten gerne ein paar Tage bleiben. Dann hat man genug Zeit, sich zwischen zwei langen Flügen zu erholen, sich an die Zeitumstellung anzupassen und das Stop-Over-Ziel auch in Ruhe zu erkunden.

Die meisten Fluggesellschaften bieten Rabatte für Kinder an, allerdings sind die Nebenkosten wie Steuern und Kerosinzuschlag oftmals so hoch, dass der Rabatt nicht so stark ins Gewicht fällt, wie man es sich erhoffen würde. Kinder, die unter zwei Jahre alt sind, reisen meist kostenlos mit, sofern sie keinen eigenen Sitzplatz benötigen (siehe auch: Fliegen mit Kindern). Allerdings zahlt man auch für Babys und Kleinkindern einige Gebühren, die sich bei einem Around-the-World-Ticket auf einige Hundert Euro summieren können.

Man kann Around-the-World-Tickets über das Internet oder im Reisebüro buchen, wobei es einige Reisebüros gibt, die sich auf Langzeit- und Weltreisen spezialisiert haben. Es gibt auch Weltreise-Pauschalangebote, also geführte Weltreise-Touren, die allerdings entsprechend teuer sind. Konkrete Infos finden sich auf den Webseiten der jeweiligen Fluglinien und -Allianzen sowie auf diversen privaten Websites, die sich dem Thema »Weltreise« widmen.

Couchsurfing:

Couchsurfing ist ein Netzwerk von Reisenden für Reisende. Es gibt Urlauber, die eine kostenlose Unterkunft suchen. Und es gibt Gastgeber, die gerne Besuch bekommen und Reisenden gratis ein Zimmer oder auch nur eine Couch zur Verfügung stellen. Wenn sie selber unterwegs sind, kommen sie bei anderen Couchsurfern unter. Couchsurfing ist definitiv eine prima Möglichkeit, um Geld zu sparen, denn erfahrungsgemäß fressen Übernachtungskosten einen Großteil des Reisebudgets. Sicherlich ist es anstrengender, als Familie zu couchsurfen, aber keineswegs unmöglich. Für alle, die offen sind für Neues und gerne Kontakt zu Einheimischen bekommen möchten, eine gute Sache.

Wer es selber mal ausprobieren möchte: Immer sorgfältig die Profile der Leute durchlesen. Ein 22-jähriger Partygänger, der einem die besten Clubs der Stadt zeigen möchte, ist wahrscheinlich nicht besonders erpicht darauf, eine vierköpfige Familie zu beherbergen – und umgekehrt. Also: Familien aussuchen und persönlich anschreiben. Die Auswahl ist zwar wesentlich eingeschränkter als die von, sagen wir mal, 20-jährigen Singles, aber es gibt Couchsurfer-Familien. Erfahrungsgemäß ist es gut, bei Familien ein paar Wochen im Voraus anzufragen.

Zudem sollte man sich mindestens zwei Monate vor der Reise unter www.couchsurfing.org registrieren, da man sich mit einem Code freischalten lassen muss, der mit der Post kommt. Beim Anlegen eines persönlichen Profils sollte man sich Mühe geben, denn sowohl Gastgeber als auch Gäste orientieren sich daran. Wer mag, kann sich bei der »Family-Group« anmelden und eine »Surf«-Anfrage posten.

Elternzeit und Elterngeld:

Viele Familien nutzen die gemeinsame Elternzeit für einen ausgedehnten Urlaub. Die wenigsten düsen gleich einmal um die Welt wie wir, aber viele nutzen die Gelegenheit, eine Reise anzutreten, für die man mehr als die üblichen zwei bis vier Urlaubswochen Zeit braucht oder um ein Ziel zu erreichen, das weit weg liegt, sodass sich ein Kurztrip dorthin nicht lohnen würde: Egal ob mit dem Bulli einmal durch Italien oder mit dem Flieger für acht Wochen nach Neuseeland: Die Elternzeit schenkt – so banal es klingen mag – Eltern Zeit, um sich ganz ihrer Familie zu widmen. Egal ob in Wanne-Eickel oder in der Walachei.

Sicherlich macht das Elterngeld, das der Staat jeder Familie nach der Geburt eines Babys zahlt, die Sache einfacher, denn es lindert den Verdienstausfall während einer Auszeit. Das Elterngeld können Väter und Mütter zurzeit für maximal 14 Monate in Anspruch nehmen, wenn sie bei der Arbeit eine Pause einlegen, um sich um ihr Kind zu kümmern. Wie sie diesen Zeitraum aufteilen, ist ihnen überlassen. Hauptsache, ein Elternteil nimmt die Elternzeit für mindestens zwei und höchstens zwölf Monate wahr. Dies betrifft den Zeitraum, in dem man Elterngeld beziehen kann, (unbezahlte) Elternzeit kann man auch für längere Zeit in Anspruch nehmen. Wie viel Elterngeld eine Familie bekommt, hängt vom monatlichen Gehalt vor der Geburt des Kindes ab. Wer vorher nur wenig oder kein Geld verdient hat, bekommt nach derzeitiger Gesetzeslage zumindest 300 Euro, Gutverdiener können den Höchstsatz von 1.800 Euro erreichen.

Da sich die Fakten rund um das Elterngeld jederzeit ändern können, erkundigt man sich am besten im Internet nach den aktuellen Anforderungen und Konditionen, etwa unter www.elterngeld.net oder auf der Website des Bundesministeriums für Familie, Senioren, Frauen und Jugend: www.bmfsfj.de.

Fliegen mit Kindern:

Fliegen mit Kindern – harmlos oder Horror? Zwischen diesen beiden Extremen schwanken die Beschreibungen von Flugreisen mit Kindern, wobei manchmal die Sicht der Eltern stark von der der Mitreisenden abweicht. Wir persönlich haben Flugreisen mit Kindern zwar auch zeitweise als stressig empfunden, aber nicht anstrengender als lange Bus-, Zug- oder Autofahrten mit Kindern. Also alles in allem: manchmal ermüdend, aber nicht so schlimm.

Zunächst ein paar Worte zu Buchung, Plätzen und Gepäck bei Flugreisen. Kinder, die älter als zwei Jahre sind, brauchen verpflichtend einen eigenen Sitzplatz. Die meisten Fluglinien bieten Flugtickets für Kinder zu einem ermäßigten Preis an. Der Kinderrabatt beträgt in vielen Fällen etwa 20 bis 30 Prozent auf den Flugpreis. Der Rabatt bezieht sich nur auf den regulären Flugpreis, nicht aber auf Steuern und weitere Zuschläge und Gebühren, die zu entrichten sind.

Aus diesem Grund fliegen viele Eltern noch einmal in den Urlaub, bevor ihr Kind zwei Jahre alt wird. Viele Fluglinien befördern Babys, die jünger als 24 Monate alt sind, kostenlos oder zu einem stark ermäßigten Preis, wenn sie auf dem Schoß ihrer Eltern mitreisen. Manche Fluglinien bieten für Babys, die noch nicht zu groß und schwer sind (die Grenzen variieren je nach Fluggesellschaft), Babybassinets an. Das sind einhängbare Kinderbettchen, die an der Wand zwischen Economy- und Businessclass befestigt werden. Die Plätze in der sogenannten Eltern-Kind-Reihe, die auch durch mehr Fuß- und Spielfreiheit für Kinder mit eigenem Sitzplatz zu empfehlen sind, sind schnell ausgebucht, deshalb: rechtzeitig reservieren!

Die meisten Babys, die wir persönlich auf Flugreisen angetroffen haben, reisen tatsächlich auf dem Schoß der Eltern bzw. im

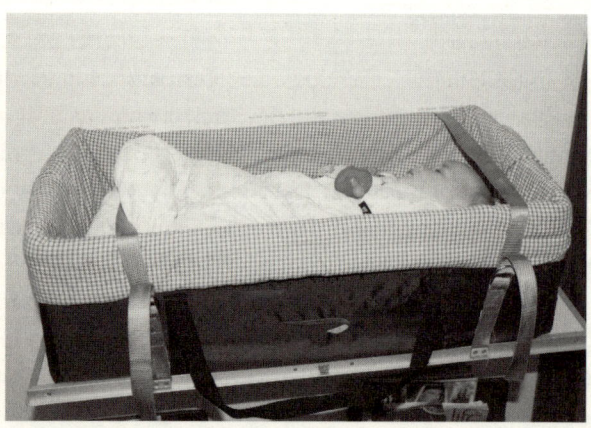

Babybassinet mit, weil dies die kostengünstigste Variante ist und viele Eltern argumentieren, dass ihr Baby im Arm oder an der mütterlichen Brust eh am ruhigsten den Flug bewältigt. Auf dem Schoß der Eltern wird das Kind mit einem Schlaufengurt, den das Flugpersonal aushändigt, am Gurt der Eltern gesichert.

Andere raten dringend davon ab und empfehlen, stattdessen auch für ein Baby einen eigenen Sitzplatz zu buchen. Dies sei nicht nur komfortabler, sondern auch sicherer. Auf dem eigenen Sitzplatz muss das Baby bzw. Kleinkind jedoch mit einem sogenannten Kinderrückhaltesystem, etwa einem Autokindersitz, den man selber mitbringen und bei der Buchung angeben muss, gesichert werden.

Es empfiehlt sich, für alle Familienmitglieder – ja, auch für die Erwachsenen – Ersatzanziehsachen ins Handgepäck zu packen. Eine Lektion, die ich gelernt habe, als sich mein Kind in einem Anfall von Übelkeit auf mein T-Shirt übergeben hat. Auch wenn ein Kindermenü gebucht ist, empfiehlt es sich außerdem – wie auf jedem Ausflug mit Kindern –, genug Essen, Getränke und natürlich Windeln für den Nachwuchs mit an Bord zu nehmen. Gegen Langeweile helfen Spielsachen, vor allem neue, die das Kind noch nicht kennt. Je nach Alter sind Mal- und Klebebücher sowie Hörspiele gute Mittel, um Kinder während des Flugs zu beschäftigen. Ältere Kinder können sich dank des Bordprogramms mit Spielen und Filmen die Zeit vertreiben. Gegen Ohrenschmerzen bei Start und Landung helfen bei größeren Kindern Kaugummis und Getränke. Babys hilft die mütterliche Brust, eine Nuckelflasche oder ein Schnuller.

Wenn es verschiedene Flugoptionen gibt: Überlegen Sie vor der Buchung, welche gut zum Tagesrhythmus des Kinds passt. Langflüge am besten über Nacht, kürzere Strecken aber vielleicht auch am Abend oder während der Mittagsschlafzeit des Kindes planen.

Wir sind immer abends ins Flugzeug gestiegen, sodass die Kinder zunächst mit Spielzeug und Abendessen abgelenkt waren. Danach sind sie meist eingeschlafen und erst nach der Landung am nächsten Morgen friedlich aufgewacht.

Es gibt spezielle Websites im Internet und auch Flugratgeber für Reisende mit Kindern, die man sich vor der Buchung anschauen kann, etwa auf der Website www.kidsaway.de, die sich rund um das Thema »Reisen & Urlaub mit Baby & Kind« dreht.

Fremdenverkehrsämter:

Jeder weiß, dass es Fremdenverkehrsämter gibt, die wenigsten nutzen sie. Dabei kann es sinnvoll sein, schon vor der Reise das in Deutschland ansässige Fremdenverkehrsland des Landes zu kontaktieren. Viele veröffentlichen eigenes Informationsmaterial, was man sich zuschicken lassen kann oder auf der jeweiligen Website findet. Auf Anfragen gibt es häufig auch Material, das sich an Reisende mit Kindern richtet und beispielsweise familienfreundliche Hotels oder Attraktionen für den Nachwuchs listet.

Auch vor Ort ist es oft hilfreich, kleinere Informationsbüros entlang der Reiseroute aufzusuchen, um kinderfreundliche Unterkünfte und Sehenswürdigkeiten, die im Reiseführer oftmals gar nicht auftauchen, zu finden. Auf unserer Reise haben uns kleine Infofilialen in Neuseeland und Australien beispielsweise mehrmals kostenlose Campingplätze nennen können, die in anderen Broschüren und Karten nicht vermerkt waren.

Geld:

Wie teuer ist eine Weltreise bzw. eine Fernreise mit Kindern? Das lässt sich leider nicht pauschal beantworten, hängt es doch zu stark vom gewünschten Komfort, Reiseziel, Alter der Kinder und den Ansprüchen der Eltern ab.

Wir haben vor der Reise ein Tagesbudget festgelegt, an dem wir uns orientiert haben. Dazu haben wir alle unsere Ersparnisse zusammengezählt, Ausgaben (Versicherungen, ggf. Miete zu Hause) und Einnahmen (z. B. Mieteinkünfte, Elterngeld) berücksichtigt und uns ausgerechnet, wie lange wir mit dem vorhandenen Budget unterwegs sein können. Bei uns lag es bei rund 140 Euro am Tag, wobei wir damit je nach Land völlig unterschiedlich hingekommen sind. Wer von vornerein beschließt, unterwegs stets zu zelten und nur selber zu kochen, wird sicherlich mit einem geringeren Budget auskommen, als Reisende, die auf einen Mietwagen, bequeme Hotels und Restaurantbesuche nicht verzichten möchten.

Deshalb sollte man auch vor der Reise versuchen herauszufinden, wie es um die Infrastruktur am Reiseziel beschaffen ist: Kann man dort so günstig essen, dass sich selber kochen gar nicht lohnt (z. B. in vielen Teilen Asiens)? Gibt es bequeme öffentliche Verkehrsverbindungen (etwa in Chile oder Argentinien), sodass man auf einen Mietwagen verzichten kann? Gibt es gut ausgestattete Jugendherbergen, in denen auch Familien günstig unterkommen können (in vielen Teilen Europas)? Diese Überlegungen helfen dabei, die Höhe des eigenen Tagesbudgets zu ermitteln und Prioritäten zu setzen.

Gepäck:

Jeder, der mit einem oder mehreren Kindern auch nur einen Wochenendausflug mit Übernachtung übernommen hat, weiß: Man braucht sehr, sehr viel Gepäck. Erstaunlicherweise braucht man aber im Verhältnis dazu gar nicht mal so viel mehr, wenn man auf eine mehrmonatige Reise geht. Denn dabei ist klar, dass man unterwegs eh waschen und Dinge nachkaufen muss.

Unsere persönliche Erfahrung: Da wir beschlossen hatten, nicht zu zelten, konnten wir uns einen Haufen sperriger Dinge wie Isomatten, Schlafsäcke und Camping-Equipment sparen. Wir wollten mobil sein, also haben wir versucht, uns zu beschränken: ein großer Rucksack für die Erwachsenensachen, ein großer Rucksack für die Kindersachen. Dazu ein kleiner Kinderrucksack mit Spielzeug, den die Vierjährige selber tragen konnte, und für das Baby ein Tragetuch und einen Buggy, in dem wir auch häufig die Rucksäcke transportiert haben. Wer so lange unterwegs ist, dass er waschen muss, sollte darauf achten, Anziehsachen in ähnlichen Farben mitzunehmen, die möglichst schnell trocknen und pflegeleicht sind.

Am besten fertigt man sich rechtzeitig vor der Reise eine Gepäckliste an, um ggf. noch genug Zeit zu haben, fehlende Dinge zu besorgen. Folgende Dinge sollte man u.a. dabeihaben:

- Reisedokumente, sonstige Unterlagen (Tickets, Impfpässe, internationaler Führerschein, Versicherungsunterlagen) und Geld/Zahlungsmittel
- passende Kleidung (an Klima und Jahreszeit des Reiseziels angepasst: also auch Badesachen, Schwimmflügel, Sonnenhüte bzw. Handschuhe, Mützen etc.)
- ggf. Spezialequipment: z. B. Tauch-, Wintersportausrüstung, Wanderschuhe

- ggf. Dinge, die in manchen Ländern speziell erforderlich sind, wie Kopftücher, Moskitonetz o. Ä.
- Reiseapotheke (siehe Gesundheit)
- Hygieneartikel Erwachsene inkl. Handtücher
- Hygieneartikel Kind (einschließlich Windeln, Wickelunterlage, Sonnencreme)
- Schnuller und Fläschchen, Gläschen, Schnabeltasse, Löffel
- Reiseproviant und Babynahrung

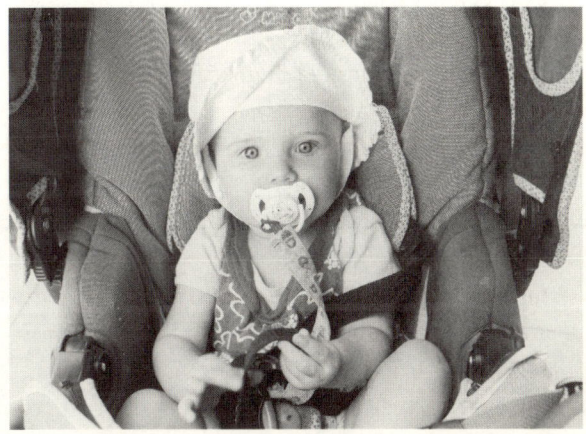

- Buggy, Tragetuch, Kindertrage o. Ä.
- ggf. Kinderbett (es gibt sehr kleine, zusammenfaltbare Babybettchen (Pop-Up, ohne Stangen), die sich für Reisende ohne Auto anbieten) und einen Schlafsack fürs Baby, dazu Lieblingskuscheltier/-kissen, evt. Babyphone
- Unterhaltung (Bücher, E-Book-Reader, MP3-Player, Spiele)
- Technischer Krimskrams (Wecker, Aufladekabel für Mobiltelefone und elektrische Geräte, ggf. Adapter)
- Spielzeug (gut für unterwegs: kleine, austauschbare oder vielfältig einsetzbare Dinge: Flummi, Pixi-Bücher, Seifenblasen,

Schere, Kleber und Stifte, Malbuch, ggf. Sandspielzeug). Wer lange unterwegs ist, kann das Spielzeug unterwegs gegen landestypische Spielsachen austauschen. Ganz wichtig: das Lieblingskuscheltier.

- Und außerdem: Was einem selber wichtig oder praktisch erscheint. In unserem Fall war das beispielsweise eine Picknickdecke, die parallel als Krabbeldecke für das Baby und im Notfall als Zudecke für das Kind herhalten konnte.

Gesundheit, Impfungen und Reiseapotheke:

Egal, wohin die Reise geht: Am besten lässt man sich lange vor Antritt der Reise vom Kinderarzt beraten. Ihr Kinderarzt kennt Sie und Ihr Kind sowie seine Vorerkrankungen und ggf. Allergien am besten. Außerdem berät er Patienten bezüglich Impfungen und

Reiseapotheke. Den Besuch beim Kinderarzt sollte man möglichst früh in Angriff nehmen, um den Schutz von Impfungen zu gewährleisten. Oftmals muss eine Impfung nach ein paar Wochen oder Monaten wiederholt oder aufgefrischt werden, das sollte man bei der Planung berücksichtigen. Weitere Informationen zu empfohlenen Impfungen und den Gesundheitssituationen vor Ort bekommt man von Tropeninstituten/Tropenmedizinern, reisemedizinischen Zentren, oder man findet sie auf der Website des Auswärtigen Amtes.

Viele Eltern finden es beruhigend, wenn sie bereits vor der Reise Adressen von (englisch- oder deutschsprachigen) Ärzten und Krankenhäuser entlang der geplanten Reiseroute heraussuchen.

Für den Notfall – der hoffentlich nicht eintritt – und für kleinere Vorfälle sollte man auf jeden Fall eine Reiseapotheke mitführen. Hier die Dinge, die wir auf Empfehlung unserer Kinderärztin dabeihatten:

- Verbandsmaterial: Pflaster, Mullbinden, elastische Binden, sterile Kompressen
- Verbandsschere, Pinzette, Fieberthermometer und Zeckenzange
- Desinfektionsspray, Wund- und Heilsalbe
- Medikamente gegen Durchfall und Erbrechen sowie ein Elektrolytpräparat
- Augen- und Ohrentropfen
- Paracetamol gegen Fieber und Schmerzen (in warmen Ländern ist Saft besser geeignet als Zäpfchen)
- Salbe gegen Juckreiz nach Insektenstichen oder Sonnenbrand, etwa Fenistil
- Mücken- und Sonnenschutzmittel
- Salbeibonbons, Halsschmerzmittel

- ggf. Mittel gegen Reiseübelkeit
- Medikamente, die der Arzt für das jeweilige Land zusätzlich empfiehlt oder die man aufgrund von Allergien und Vorerkrankungen braucht.

Um das Gepäck so gering wie möglich zu halten, kann man die sperrigen Packungen zu Hause lassen, sollte aber die Beipackzettel dabeihaben. Und: Natürlich sollten Medikamente genauso wie zu Hause auch unterwegs sicher vor Kinderhänden aufbewahrt werden.

Kinderreisepass:

Alle Kinder – also auch Säuglinge – brauchen bei Reisen ins Ausland ein eigenes Reisedokument. **Kindereinträge im Reisepass der Eltern sind seit 2012 nicht mehr gültig.**

Bis zur Vollendung des zwölften Lebensjahres erhalten Mädchen und Jungen einen Kinderreisepass, der sechs Jahre, längstens jedoch bis zur Vollendung des zwölften Lebensjahres gültig ist. Kinder, die älter als zwölf Jahre sind, bekommen einen Reisepass ausgestellt. Für die Ausstellung eines Kinderreisepasses braucht das Kind ein biometrisches Foto, das man beim Fotografen machen lassen kann.

Man sollte sich rechtzeitig vor der Reise erkundigen, ob der Kinderreisepass (und auch der eigene) für die Einreise in ein Nicht-EU-Land ausreicht oder ob zudem ein Visum o. Ä. benötigt wird. Hinweise dazu finden man auf der Website des Auswärtigen Amtes: www.auswaertiges-amt.de.

Versicherungen:

Wie generell im Leben gibt es auch in puncto Reisen ein großes Angebot an Versicherungen, von denen einige sehr sinnvoll, viele aber auch unnötig oder Ermessungssache sind. So wird beispielsweise jeder für sich selbst entscheiden müssen, ob er eine Reisegepäckversicherung braucht oder man eh nur »alte Klamotten« mitschleppt, sodass man sich das Geld für die Versicherung sparen kann.

Ein »Muss« ist aber auf jeden Fall eine Auslandskrankenversicherung für die ganze Familie, denn der Versicherungsschutz der gesetzlichen Krankenkassen deckt selbst bei Reisen innerhalb Europas nicht alle Leistungen ab. Grundsätzlich unterscheidet man zwischen Versicherungen für Langzeitreisende (deren Kosten richten sich nach Länge der Reise und manchmal auch nach Reisezielen) und Jahresversicherungen, die allerdings jeweils nur für maximal sechs- oder achtwöchige Reisen gelten. Beim Abschließen sollte man nicht nur auf den Preis, sondern auch auf die Leistungen achten, etwa ob der sinnvolle und vertretbare Rücktransport nach Hause miteingeschlossen ist.

Stiftung Warentest hat einige Anbieter getestet und listet die Versicherungen auf, die besonders gut abgeschnitten haben. Ansonsten empfehlen sich mitunter auch Kombi-Angebote, etwa Auslandskrankenversicherungen, die an Reiserücktritts- und Reiseabbruchsversicherungen gekoppelt sind.

Reiserücktritts- und Reiseabbruchsversicherungen schließt man am besten schon beim Buchen der Flüge mit ab, da man sie im Reisebüro oder im Internet oft zu günstigen Preisen gleich mitbuchen kann.

Zeitpunkt

Wann ist der optimale Zeitpunkt, um mit Kindern zu verreisen? Diese Frage lässt sich pauschal genauso gut oder schlecht beantworten, wie die Frage, wann der beste Zeitpunkt ist, ein Kind zu bekommen, nämlich: immer und nie.

Eltern können ihre Kinder selber am besten einschätzen – und sich selber: Stresst es uns, mit einem wenige Monate alten Säugling ins Ausland zu fahren? Oder ist das vielleicht sogar der ideale Zeitpunkt, da das Kind zu dem Zeitpunkt womöglich noch voll gestillt wird und deshalb keine Schwierigkeiten mit ungewohnten Nahrungsmitteln oder gar Infektionsgefahr durch nicht abgekochtes Wasser o. Ä. aufkommen?

Wir fanden es nicht schwierig, mit einem Säugling und einem Kindergartenkind zu verreisen. Aber wir sind schon vorher viel verreist, oft mit dem Rucksack, auch in entlegene Gebiete. Wer Europa bislang nicht verlassen hat, sollte mit einem Kleinkind vielleicht nicht gerade in – sagen wir mal – Indien anfangen, die Welt zu entdecken.

Persönlich fand ich – sowohl zu Hause als auch im Urlaub – die Zeit am anstrengendsten, als unsere große Tochter (und später dann auch das Baby) zwischen einem und zweieinhalb Jahre alt war: Eine Zeit, in der Kinder sehr mobil sind, alles anfassen, alles in den Mund nehmen, aber noch nicht genug Verstand besitzen, Gefahren zu erkennen, und auch noch nicht (immer) gewillt sind, auf warnende Hinweise der Eltern zu hören. Am Reisen hat uns das trotzdem nicht gehindert. Wir wussten, dass es anstrengend werden kann, aber letztlich auch nicht mehr als im Alltag, in dem das Kind ja genauso mobil ist und ebenso wenig ein Gefühl für Gefahren hat wie unterwegs.

Viele Eltern nutzen vor allem zwei Gelegenheiten, um eine längere Traumreise in Angriff zu nehmen. Die Elternzeit (siehe Seite 240), die beiden Partnern die Zeit gibt, sich eine längere Auszeit zu nehmen, ohne gleich den Job kündigen zu müssen, und die Zeit, bevor das älteste Kind in die Schule kommt.

Denn das ist – für die meisten jedenfalls – die letzte Gelegenheit, noch einmal außerhalb der überteuerten Schulferien ein Traumziel anzusteuern, sei es eine Wohnmobiltour durch Kanada, der Trip entlang der Mittelmeerküste oder einfach eine Familienauszeit im Ferienhäuschen an der Ostsee. Manche, die länger unterwegs sein möchten, bitten ihren Arbeitgeber um ein Sabbatical oder Sabbatjahr, ein längerer Sonderurlaub, der nicht zwangsläufig ein ganzes Jahr lang sein muss. Andere legen zwei Jahresurlaube rund um Silvester hintereinander, um dann noch einmal die ersehnte Reise nach Südamerika anzutreten. Oder sie erfreuen sich zumindest an einem »normalen« drei- bis sechswöchigen Urlaub vor der Hauptreisezeit.

Egal, wann Sie fahren und egal, wohin: Genießen Sie es! Die gemeinsame Zeit wird Ihnen und Ihrer Familie lange im Gedächtnis bleiben.

Um die ganze Welt des
GOLDMANN-*Sachbuch*-Programms
kennenzulernen, besuchen Sie uns doch
im **Internet** unter:

www.goldmann-verlag.de

Dort können Sie
        nach weiteren interessanten Büchern *stöbern*,
        Näheres über unsere *Autoren* erfahren,
        in *Leseproben* blättern, alle *Termine* zu Lesungen und
        Events finden und den *Newsletter* mit interessanten
        Neuigkeiten, Gewinnspielen etc. abonnieren.

Ein *Gesamtverzeichnis* aller Goldmann Bücher finden
Sie dort ebenfalls.

Sehen Sie sich auch unsere *Videos* auf YouTube an und
werden Sie ein *Facebook*-Fan des Goldmann Verlags!

www.goldmann-verlag.de
www.facebook.com/goldmannverlag